EN LA
PALESTRA
DE
LA FE

Otros libros de Erich Sauer

La aurora de la redención del mundo
De eternidad a eternidad
En la palestra de la fe

EN LA PALESTRA DE LA FE

Un llamamiento a la vida consagrada

Erich Sauer

Título del original en inglés: *In the Arena of Faith*, de Erich Sauer. © The Paternoster Press.

Edición castellana © 1980, 2013 Editorial Portavoz.

Las citas bíblicas utilizadas en esta obra son de la versión Reina-Valera, revisión de 1977.

Traducción: Javier P. Vila

EDITORIAL PORTAVOZ
2450 Oak Industrial Dr. NE
Grand Rapids, Michigan 49505 USA

Visítenos en: www.portavoz.com

ISBN 978-0-8254-5911-5

1 2 3 4 5 edición / año 25 24 23 22 21 20 19 18

Impreso en los Estados Unidos de América
Printed in the United States of America

Indice

Prefacio 7

Introducción 9

1. «¡PUESTOS LOS OJOS EN JESUS!» 13

2. CRISTO: EL EJEMPLO EN LA CARRERA . . . 18
   Como el Héroe impávido 19.
   Como Líder y Exponente Perfecto de la fe 20.
   Como Vencedor triunfante 21.
   Como Ejemplo que debe animar a Sus seguidores 26.

3. LA VIDA DEPORTIVA Y EL ARTE DE GUERRA
   DE LOS ANTIGUOS Y SU APLICACION ESPIRI-
   TUAL (Según comparación del Nuevo Testamento) . 31

   La vida deportiva de los griegos y los romanos 32.
   (El ideal griego 32, el «gimnasio» 34, la «palestra» 34, la «academia» 34, los Juegos Olímpicos e
   Istmicos 36, Olimpia como santuario nacional
   griego 39, Circo Máximo y el Coliseo 40, el anfiteatro romano y el lenguaje figurado de Pablo 44,
   la cruz en el Coliseo 48.)
   El carácter religioso de los deportes y juegos atléticos paganos 50.
   Las diferentes clases de juegos más importantes 53.
   (Las carreras 53, pugilato 55, lucha 56.)
   Las reglas de los juegos 56. (Calificaciones para entrar 56, la pista 58, los antiguos obeliscos egipcios 59.)
   El premio 60. (Las coronas 60, las listas de los vencedores 60, el árbitro 61, la estatua de Zeus 61,
   las 5 coronas de victoria 61, la Piedra Blanca 63,
   el peligro de ser descalificado 64, la Gloria celestial 66.)

4. LA CARRERA QUE TENEMOS POR DELANTE .   68

La designación de la carrera 69. (Tres razones básicas de esta carrera 70.)

La actitud necesaria para alcanzar el objetivo 71. (Mirar al Vencedor 71, ... a nuestros camaradas de armas 75, ... al enemigo 76, ... a la meta 82.)

5. LA CARRERA DEL CRISTIANO COMO UNA CARRERA DE OBSTACULOS. — El Cristiano y el Sufrimiento   84

Siete bendiciones del sufrimiento 86. (La Paternidad de Dios 86, el amor de Dios 87, la sabiduría de Dios 90, el gobierno y la dirección de Dios 91, la soberanía y real autoridad de Dios 94, la santidad de Dios 96, el eterno objetivo de Dios 97.)

Siete razones dadas en el Sermón del Monte contra la ansiedad 88.

6. PROSIGUIENDO HACIA LA META   101

Poderes paralizantes 104.

Poderes vivificadores 107.

7. PRIVILEGIOS ABANDONADOS   122

Cristo el Primogénito 123.

Los derechos del primogénito en Israel 125. (El derecho de primogenitura y la Iglesia 128, la plenitud de la bendición en el N.T. 129, el sacerdocio en el N.T. 130, el reino de la iglesia 152.)

El peligro serio 153.

El error grave 154.

La hora de decisión 158.

El derecho de primogenitura y el premio celestial 161.

8. ¡ATENCION! ¡DIOS ESTA HABLANDO! . . .   166

Las riquezas celestiales de la Iglesia de Dios 168. (Las 3 montañas principales de Dios 175.)

Las obligaciones sagradas de los llamados a la Gloria celestial 178.

Prefacio

Lo que necesitamos es un avivamiento, un despertamiento del pueblo de Dios, un testimonio poderoso al mundo, una nueva visión y una nueva experiencia del poder salvador y sostenedor de Cristo, a través de Su Palabra y del Espíritu Santo.

Esta experiencia es posible ¡porque Cristo está vivo, hoy, también! El es el eterno Vencedor, el Exaltado, la fuente de toda vida y fuerza para aquel que ha puesto su confianza en El. En Cristo los desengaños no son posibles.

Pero Dios concede sus dones gratuitos sólo por medio de la fe. Sólo se abren las fuentes de la gracia de Dios cuando hay confianza y devoción. Dios sólo derrama Sus abundantes bendiciones sobre la vida que está plenamente rendida y consagrada a El.

Donde ha habido fracaso El puede restaurar. Donde debilidad, dar vigor; El puede llenar de gozo y esperanza nuestros corazones.

Este es el mensaje de este libro. Y es al mismo tiempo mi testimonio personal. Difiere de mis libros previos: La Aurora de la Redención del Mundo, El Triunfo del Crucificado *y* De Eternidad a Eternidad, *en que éstos tratan en líneas generales del plan de la redención divina, mientras que éste da testimonio principalmente de nuestra experiencia personal de la salvación. Porque los hechos de Dios no sólo se ha-*

llan alrededor y encima de nosotros, sino también en nosotros, al mismo tiempo. El plan general de la salvación debe centrarse en una experiencia personal de la salvación del individuo.

Estoy agradecido al doctor A. E. Wilder Smith y señora, que hicieron posible la edición inglesa. El libro fue publicado primero en alemán en 1952. A esta primera edición ha sido añadido un tratado especial sobre la «antigua vida deportiva griega y romana y el arte de guerra espiritual, según el Nuevo Testamento». Hemos entrado en detalles sobre estos puntos porque el conocer las costumbres griegas y romanas da luz sobre el lenguaje figurativo de muchos pasajes del Nuevo Testamento que se refieren a las mismas. Al mismo tiempo nos deja entender mejor las circunstancias y algunos aspectos externos de las condiciones en que se desarrolló la Iglesia primitiva. El dar descripciones sobre estos puntos de cultura antigua en relación con el Nuevo Testamento, esperamos que sea útil para los que quieran hacer uso del libro para preparar mensajes más vívidos y atractivos. Incluso damos en algunos casos los términos y expresiones griegas para una mejor comprensión.

El estilo del libro es sencillo. Todo el mundo puede entenderlo. Quiere dirigirse al corazón y a la mente con miras a despertar nuevo celo y devoción espirituales para renovar la confianza y la esperanza. Basa sus enseñanzas en las verdades de Hebreos 12. Por tanto, cada capítulo está encabezado con una cita de Hebreos 12, para que la palabra de la Escritura y la meditación de la misma vayan juntas, y se facilite la comprensión en la lectura.

Que Dios bendiga el testimonio de este libro. Que El nos conduzca más y más a una experiencia real de sus bendiciones. Sus promesas son para todos los que con santa sinceridad prosigan adelante para alcanzar el premio, los que levantan sus ojos a El, los que ponen por obra su mandamiento: En la palestra de la fe *pongamos nuestros ojos en Jesús.*

ERICH SAUER

Wiedenest, Renania, Alemania

Introducción

El pueblo de Dios ha oído su llamada. Porque sólo oyendo su llamada puede pasar a existir este Pueblo de Dios, puesto que la «fe viene por el oír» (Ro. 10:17). Por medio de esta llamada empezaron las milagrosas relaciones entre Dios y Su iglesia. No podemos hablar en términos demasiado elevados de los redimidos del Señor. Son salvos y reconciliados, libres y benditos (Co. 1:13,14; Ef. 1:3). Son «elegidos de Dios, santos y amados» (Col. 3:12). Son vasos de Su gracia, hijos del Padre todopoderoso, simiente regia, ciudadanos del cielo. Aun cuando haya con ellos todavía muchas imperfecciones y debilidades, podemos tener buen ánimo y confianza firme en que la obra del Espíritu Santo se realizará en ellos. Podemos ver la imagen de Cristo en Sus seguidores; así, podemos ver a Cristo mismo en nuestro hermano y con todo nuestro corazón podemos regocijarnos en El viéndole el uno en el otro. «Para los santos que están en la tierra, y para los íntegros, es toda mi complacencia» (Sal. 16:3).

¡Y a pesar de todo...!

El pueblo de Dios necesita un despertamiento. Es un hecho alarmante que, a pesar de la poderosa voz de Dios hablando a través de los sucesos ocurridos no hace mucho, todavía no ha habido un gran avivamiento general duradero en ningún país europeo.

Sin duda, en muchas ciudades y distritos el Espíritu de

Dios ha obrado en movimientos locales. El público general ha oído el evangelio con poder. Los cristianos han sido avivados y se han ganado a muchos no cristianos, se han oído triunfantes cánticos de gracias y salvación en muchas iglesias y campamentos, en capillas y en hogares. No podemos por menos que estar agradecidos a Dios por todo ello, en campos y ciudades.

Y, sin embargo, entre los creyentes vemos todavía mucha mundanalidad, amor a lo trivial, ansiedad, egoísmo, exclusividad por la propia capillita, aferrarse con rigidez a viejas formas ya caducas y que carecen con frecuencia de firme apoyo en la Escritura, demasiado énfasis en cosas secundarias mientras se descuidan los verdaderos valores que cuentan.

Nos hacemos, por ellos, seriamente la pregunta: ¿Se han endurecido nuestros oídos para oír la voz de Dios, a causa del estruendo de los campos de batalla, el rugido de los bombarderos, el derrumbe de casas y edificios y los gritos de millones de moribundos?

Sin duda el *pecado* se ha mostrado activo aquí. No es Dios sino los poderes demónicos de los reinos de este mundo que han causado todo esto. Pero, en el tronar de las catástrofes Dios ha hablado, sujetándolos, controlándolos secretamente, y en último término, rigiéndolos con vara de hierro (véase Jer. 51:20, Is. 45:1-7): «Venid, ved las obras de *Jehová*, que ha puesto asolamiento en la tierra» (Sal. 46:8).

¿Podía Dios hablar de modo más impresionante? Potencias mundiales de primer orden quedaron aplastadas, ciudades demolidas, obras de arte insustituibles fueron destruidas y millones perecieron en la refriega. Bajo el juicio de Dios la separación en que los pecadores se colocaron de Dios obró de modo terrible para su propio aniquilamiento.

¡El pueblo de Dios debiera haber reconocido claramente la voz divina en medio de este torbellino satánico! ¡Cuál tendría que haber sido el número de testigos lleno de poder, la energía en la obra misionera, el espíritu de sacrificio, el celo santificado y la disposición para el amor fraternal para que todo esto hubiera dado fruto de vida para la eternidad!

¡Y cuán poco hemos visto de todo ello!

¿Cómo podemos esperar despertar a los no cristianos si nosotros mismos no nos hemos despertado? ¿Cómo puede haber «fuego» si nosotros no «ardemos»? ¿Cómo podemos dar vida si nosotros carecemos de «ella»?

Hay que cambiar las cosas. Hay que despertar al pueblo de Dios. ¡*Tú* debes despertar y *yo también*! Debemos ser revestidos del poder de lo alto. El Cristo vivo debe pasar a ser otra vez una realidad en nuestras almas y tomar posesión de todo lo que somos y tenemos.

Hemos de poner de lado el falso quietismo y lanzarnos a una santa actividad. Debemos aprender de nuevo a mirar la vida cristiana como una «carrera», (1.ª Co. 9:24), como un «combate» en la «palestra de la fe» (véase Fil. 3:14; He. 12:14). «Así que, yo de esta manera corro» (1.ª Co. 9:26). «Ni estimo preciosa mi vida para mí mismo, con tal que acabe mi *carrera* con gozo» (Hch. 20:24, 2.ª Ti. 4:7), «que no *he corrido* en vano» (Fil. 2:16).

«El premio» espera para que lo consigamos (1.ª Co. 9:24). «Prosigo hacia la meta para conseguir el premio del supremo llamamiento de Dios en Cristo Jesús» (Fil. 3:14).

«¿No sabéis que los que corren en el estadio, todos ciertamente corren, pero uno solo se lleva el premio? Corred de tal manera que lo obstengáis» (1.ª Co. 9:24).

Sólo alcanza la victoria el que mira a Cristo. Porque Cristo fue también un guerrero. Era un pionero y un vencedor. Por esta razón es también nuestro ejemplo y fuente de poder, nuestro árbitro y el que nos da el galardón.

Lo que necesitamos es una nueva visión de la persona del Redentor, una visión de la cruz y una obediencia práctica del camino de la cruz, un reconocimiento agradecido de la gracia abundante de Dios que nos concede tantas bendiciones. Hemos de echar mano del poder del Espíritu Santo y ser inundados por él, para que podamos correr en Su fuerza hasta alcanzar el objetivo de nuestra vocación.

Esto implica en detalle que debemos resistir la prueba en las dificultades, en las aflicciones, hemos de reducir nuestro espíritu de preocupación y vencer todo cansancio espiritual y síntomas de fatiga, estando preparados para dar testimonio y teniendo un espíritu misionero. El amor fraterno y la santificación, el espíritu de oración y el estar atentos a la Palabra de Dios deben ser nuestras marcas. Todo esto nos permitirá correr con firmeza hacia el cielo y hacia la gloria.

Este es el propósito de este libro. En lo esencial es un mensaje del capítulo 12 de la Epístola a los Hebreos. Y así el mensaje de Dios, dado en tiempos de antaño nos servirá de aviso hoy, un mensaje de avivamiento del pasado para el pueblo de Dios del presente.

Son estas verdades creo yo de la mayor importancia. De hecho, es en ellas que se halla el punto de apoyo, el fiel, el secreto de nuestra íntima relación con el Señor: esto es, en nuestra experiencia personal del Cristo crucificado y resucitado, en la fe en una salvación plena presente, y en la comprensión de la situación celestial de los redimidos, y en el espíritu de gozosa gratitud por las riquezas de las bendiciones que hemos recibido en Cristo por el Espíritu Santo.

Por otra parte, no debemos olvidarnos de confesar nuestras grandes imperfecciones. Debemos ver nuestra obligación de esforzarnos para la santidad práctica, la necesidad de estar dispuestos al sacrificio en nuestro testimonio misionero, la firmeza en todas las pruebas y tribulaciones de los tiempos presentes. Debe haber comunión con el Señor por medio de la oración y de Su Palabra, devoción y consagración, nueva fe y renovado ímpetu para proseguir adelante hacia el objetivo, aceptación de la responsabilidad, la intensidad del deseo y al mismo tiempo la gozosa expectativa de Su segunda venida en gloria.

Todo esto es posible sólo por medio de El, que es, El mismo, la fuente de toda salvación. «De mí será hallado tu fruto» (Os. 14:8). «Jesucristo es el mismo ayer, hoy, y por los siglos» (He. 13:8). Sólo un Dios activo en la experiencia real del hombre puede sernos de ayuda; debe haber fe para una experiencia real de Su persona, un hallarse ante Su presencia. «El Señor está cerca» (Fil. 4:5). El está donde yo estoy. Su presencia es mi salvación. El es una ayuda presente en todo momento en mi experiencia personal, una ayuda gozosa, el Cristo vivo, presente aquí y ahora. «Jesús me salva ahora.»

1

«¡Puestos los ojos en Jesús!»

«EL MAYOR GOZO en la vida es dar a conocer a Jesucristo.» Leí esto en letras de gran tamaño en la pared del Moody Hall del Instituto Bíblico Moody, en Chicago. Estas palabras del gran evangelista expresan la esencia de su vida y el gozo que recibió de ella. Estas palabras deberían ser el lema del servicio y esfuerzo de todos los verdaderos redimidos. Todos vivimos «por» Cristo. Todos nos esforzamos «hacia» Cristo. Todos deseamos estar «en» Cristo y actuar «para» Cristo. Nuestra vida tiene valor en tanto que le tenemos a El. Todo lo añadido, además de Jesús, es de muy poco valor. Es verdad que lo terreno y externo tiene su valor, que no debe ser menospreciado en esta vida presente, pero hay que mantenerlo dentro de límites. No comentemos el error de considerar las maravillas de la creación como de poca monta, dándonos al cinismo o al escapismo, despreciando lo natural. Pero hemos de insistir que sólo permanecerá de nosotros aquello que hoy está directamente relacionado con Cristo. Sólo lo que tiene valor eterno, que ha sido vivido para El, que hemos sufrido y ganado con El. Jesús y sólo Jesús es la vida de nuestra vida, la eternidad de nuestro tiempo, algo valioso que no puede ser robado, desvalorado o caer en ruina. Por esta razón todo depende de la actitud práctica de la fe viva en Jesucristo.

Esta es la esencia fundamental de la vida espiritual del Nuevo Testamento. El mostrar y practicar la verdad y la vida de Cristo es el contenido y el mensaje de todo el Nuevo Testamento. Jesucristo es para todos los escritores del Nuevo Testamento la única respuesta para todas las enfermedades, debilidades y aflicciones. Todos y cada uno de ellos está perfectamente seguro de esto: *En Jesús no hay desengaños; sólo hay maravillosas sorpresas.* El nunca deja de cumplir lo prometido, es más, se excede en lo que hace, de modo que todo el que realmente confía en El puede repetir la gozosa exclamación de la Reina de Seba: «No me habían dicho ni aun la mitad.»

Esto no es una frase retórica, sino la expresión de mi más firme convicción: Si alguien me ofreciera una bola de oro tan grande como el sol, oro puro, y me sugiriera que la trocara por mi fe en el Señor Jesucristo, no vacilaría un momento en contestarle: «¡Fuera con tu bola de oro! Lo desprecio. Jesús es de muchísimo más valor para mí.» Y no sería yo el único que daría esta respuesta. Todo verdadero discípulo de Cristo diría lo mismo, sin vacilación. Todas las luces de este mundo quedan eclipsadas para el hombre en quien ha amanecido el sol de justicia. «¡Hay uno mayor que todos aquí!»

Todo el Nuevo Testamento habla de éste que es «mayor», y por esta razón el mensaje central de todo este libro es «¡Miremos a Jesús!».

Hay tres libros del Nuevo Testamento, entre el total de los 27, que forman una constelación especial en ese sentido: el Evangelio de Juan, la Epístola a los Colosenses y la de los Hebreos.

En Juan la gloria de Cristo se ve como radiando desde *arriba.* Es el Hijo que desciende al mundo enviado por el Padre. Le vemos desde la perspectiva del cielo. Es la *base de la salvación.*

En la carta a los Colosenses vemos la gloria de Cristo desde *dentro,* es decir, desde El mismo, como Salvador y Redentor vivo, activo, debido a la extrema grandeza de su persona (especialmente en el capítulo 1) y a la suficiencia que lo abarca de todo de su obra (especialmente en el capítulo 2). Así, pues, vemos a Cristo bajo el aspecto de su propia persona y obra. Este es el *centro de la salvación.*

La carta a los Hebreos nos muestra la gloria de Dios en comparación con los tiempos *precedentes*, esto es, la época de la preparación para la salvación, la historia del Antiguo Testamento. De modo que Cristo se nos muestra aquí como Aquel que no sólo ha cumplido las grandes revelaciones de Dios, sino que las ha excedido sobremanera (especialmente en los capítulos 1 al 10). Así que, vemos a Cristo bajo el aspecto de la preparación y el cumplimiento. Esta es la *historia de la salvación*.

Por tanto, el decir: «¡Miremos a Jesús!» puede considerarse como el lema general del Nuevo Testamento, pero de un modo especial en este grupo radiante de los tres divinos mensajes mencionados, dados por el Espíritu.

Este mensaje, y el mensaje de todo el Nuevo Testamento, se dirige a la vida y a la realidad. «Mirar a Jesús» es algo que debe hallar justificación en la práctica. Este mensaje no es «entusiasmo por Cristo» sino ser «llenados con el Espíritu de Cristo», no de mera admiración por Su grandeza, sino de experiencia práctica de que El es suficiente para nuestras tribulaciones y pruebas en la vida diaria; no sólo una visión intelectual o espiritual, sino que es acción espiritual; no es sólo un cántico de triunfo, sino una victoria práctica; no es sólo adoración, sino discipulado. Los dos aspectos se hallan inseparablemente unidos: el santuario y la vida corriente, el Cristo exaltado y el poder vital de santificación práctica que hay que experimentar aquí abajo.

El capítulo doce de la Epístola a los Hebreos es la porción del Nuevo Testamento en que esta relación, entre la visión de Cristo y la victoria en la batalla, se presenta con mayor claridad. Vamos a considerar este capítulo desde los siguientes puntos de vista:

¡Puestos los ojos en Jesús!
    Porque El es nuestro *ejemplo en el conflicto* (vv. 1-3).

¡Puestos los ojos en Jesús!
    Porque así podemos *alcanzar una victoria práctica* (vv. 1-31)

¡Puestos los ojos en Jesús!
    Porque así *permanecemos firmes en el sufrimiento* (vv. 4-11)

¡Puestos los ojos en Jesús!
Porque así *podemos vivir a la altura de los privilegios de nuestro nacimiento* (vv. 16-17)
¡Puestos los ojos en Jesús!
Porque así *alcanzaremos la corona y llegaremos a la ciudad celestial* (vv. 18-29)

Este mirar *a* Jesús es al mismo tiempo un *apartar* la vista de todo lo demás. Por esta razón se usa una palabra para «mirar» en Hebreos 12 que incluye los dos significados.[1] Significa un mirar, a propósito, *lejos* de aquellos objetos que de modo automático nos cautivan los ojos, *hacia* otros objetos sobre los cuales nos concentramos. De este modo toda falta de concentración puede ser vencida. Nuestros ojos se dirigirán a un objeto: Cristo, y el corazón podrá ser mantenido en Su gloria. Así todo el hombre interior experimenta en medida creciente las riquezas de la Escritura: «No vieron a nadie, sino a Jesús solo» (Mt. 17:8).

Todas las bendiciones de Dios son tales que pueden ser incrementadas. Esto es, cada cumplimiento es al mismo tiempo la promesa de un cumplimiento mayor. Dios nunca rechaza llegar al final de todas las posibilidades (Jn. 1:16; Ef. 2:7). De esta manera lo más glorioso se halla siempre delante y en camino hacia nosotros. Todo es glorioso, en gloria, y según Su plan: «de gloria en gloria» (cp. 2.ª Co. 3:18).

Con el mundo y el pecado es precisamente al revés. Se empieza con un falso goce y se termina en el desengaño. Al principio relumbra; al final se halla la noche.

Hace muchos años visité una Exposición de Prensa en Colonia. Había en las grandes salas muchos documentos y tablas mostrando la relación entre la Prensa y los servicios postales. La exhibición tenía que ver con los logros del servicio alemán de Correos hasta el año 1928. En una de las paredes había representada una gran águila, cuyo efecto era imponente. Pero cuando me acerqué vi que estaba formada con sellos del período de la inflación: centenares de miles de estampitas del período inflacionario. Al verlo me dije: Esta

---

1. El griego ap-horan, de *apo* = lejos, afuera y *horan* = mirar. Cp. con el griego *apo-blepein* (He. 11:26).

es una buena manera de estimar el valor de las cosas de este mundo. A gran distancia parecen imponentes. Al acercarse se ve que su valor ha sufrido una inflacción deformadora, que los abulta. No sólo hay inflacción de palabras, sino de ideales y del espíritu. Debajo de una gran fachada hay muy poca sustancia. Cuando más se conocen los valores del mundo mejor se ve lo vacíos que son. Una gran águila... ¡estampillas sin valor!

¡Cuán diferente es Jesucristo! Su valor va aumentando a medida que le conocemos. Se muestra ser verdadero en las pruebas más estrictas de la vida práctica diaria. No hay fallo en El. Por esta razón todos nuestros esfuerzos deben dirigirse hacia El. El nos dirige «de fe en fe» (Ro. 1:17), de «fuerza en fuerza» (Sal. 84:7), «de gloria en gloria» (2.ª Co. 3:18). En El hay una fuente inagotable que mana para salvación (Is. 12:3; Zac. 13:1).

Pero sólo experimentamos este incremento en las bendiciones celestiales cuando nuestras almas están avanzando. Sólo los que tienen hambre pueden ser satisfechos, y los sedientos saciados (Mt. 5:6); sólo los que consideran su discipulado como una «carrera» pueden alcanzar el «premio» de su vocación (Fil. 3:14; 2.ª P. 1:10).

Por tanto, ¡pongamos nuestros ojos en Jesús! Sólo aquí podemos ser vencedores y alcanzar en la carrera de la fe la gloria sempiterna (He. 12:1-3).

2

Cristo: El Ejemplo en la carrera

Puestos los ojos en Jesús, el autor y consumador de la fe, el cual por el gozo puesto delante de él soportó la cruz, menospreciando el oprobio, y está sentado a la diestra del trono de Dios. Considerad, pues, a aquel que ha soportado tal contradicción de pecadores contra sí mismo, para que no desfallezcáis faltos de ánimo. (Hebreos 12:2, 3.)

Todo depende de cómo uno mira la vida. El que quiere vivir rectamente, debe mirar rectamente. El que quiere vivir rectamente como cristiano, debe mirar a Cristo. «Si quieres desanimarte, mira a los otros. Pero si quieres aliento y experimentar victorias, mira a Cristo.» El, Jesús, es la fuente de todo poder para aquellos que han de correr en la pista de la fe si es que quieren alcanzar el objetivo de su vocación.

El autor de la Epístola a los Hebreos nos muestra en el capítulo 12 un magnífico cuadro del Crucificado. Cristo sufrió la cruz. Sin este suceso central en la historia de la revelación no habría salvación. Por ello, el mensaje de Cristo y Su muerte sacrificial, en relación con los triunfos de Su resurrección, debe ocupar el lugar central, delante, en toda predicación escritural, verdadera y efectiva del evangelio.

En la palestra de la fe:
«¡Puestos los ojos en Jesús!» El sufrió la cruz:

1. Como el Héroe impávido, con una voluntad resuelta a alcanzar la victoria

Lo que aparece exteriormente como impotencia era en efecto fuerza y firmeza interna. ¡Cuán fácil le hubiera sido descender de la cruz y librarse! Sin ninguna dificultad podría haber pedido al Padre «doce legiones de ángeles», que, sin duda, le habrían sido concedidas (Mt. 26:53). No nos podemos ni imaginar lo que esto hubiera significado. Cuando en los días del rey Ezequías Dios salvó a Jerusalén que era atacado por los asirios, envió sólo a un ángel contra toda la hueste de los asirios, y uno solo destruyó a ciento ochenta y cinco mil soldados y oficiales asirios en una noche (2.º R. 19:35). Ahora Jesús dice que podía disponer de doce legiones. Una legión (término de uso militar entre los romanos) consistía de 6.000 soldados de a pie, o sea de infantería. Esto, expresado en términos modernos, equivaldría a que varias divisiones de ángeles habrían acudido en Su ayuda.

Jesús podía «haber querido» pero *no* quiso. Sabía que el sacrificio redentor substitutivo sólo podía ser realizado si El aceptaba el sufrimiento. Por ello siguió impávido el camino del sacrificio. Por ello resistió hasta que alcanzó el objetivo y hasta la hora de Su muerte en el Gólgota en que pudo exclamar victorioso: «¡Consumado es!» (Jn. 19:30).

La carta a los hebreos subraya de modo decidido esta firmeza e impavidez de Su voluntad para la victoria, en Jesús. Esta asombrosa situación del Gólgota nos es descrita en tres pasos:

Jesús, el Señor del Universo, sufre «contradicción» de pecadores; en realidad, «gran» contradicción.

Jesús, el Rey de Gloria, permite ser puesto en oprobio y vergüenza, y en medio de ella, como corresponde a un rey, menospreció la vergüenza con dignidad. Finalmente:

Jesús, el Perfecto y Santo, sufrió todo esto de manos de «pecadores». Los pecadores le trataron así. El pecado es en realidad la deshonra de la criatura. Esto significa que las criaturas que habían perdido su propio honor le quitaron a El, el glorioso y santo Rey, Su honra. Le expulsaron de la sociedad humana y lo ejecutaron como un criminal, pues como tal lo consideraban.

El sufrir todo esto sin obligación a ello; el no hacer uso del poder con que podría haberlo evitado; el dejarse vencer cuando era inmensamente más poderoso que sus enemigos, todo ello para alcanzar un elevado objetivo, es en realidad una voluntad inquebrantable de vencer, una firmeza inigualable y un heroísmo indescriptible. Sin lugar a dudas, Cristo, el mayor de cuantos han sufrido, era el mayor héroe guerrero precisamente en esto, Su resistencia.

En la palestra de la fe:
«¡Puestos los ojos en Jesús!» El sufrio la cruz:

2. Como Líder y Exponente Perfecto de la fe

Cristo es el «autor y consumador de la fe». Las Escrituras no hablan sólo aquí de nuestra «fe» en el sentido en que Cristo es la base de nuestra fe debido a Su muerte sacrificial, Su resurrección y Su predicación del evangelio por el Espíritu Santo, o en el sentido que El nos guarda en la fe, perfecciona nuestra fe y lleva a los suyos a su objetivo. La Escritura habla aquí de la fe en general. La misma palabra (*archegos* en griego) que se traduce en Hebreos 12 por «autor», ocurre también en Hebreos 2:10. El Objeto de nuestra fe había practicado la fe El mismo. En el sentido de «confiar» lo había hecho incluso antes de Su encarnación, más aún, de la creación del mundo, en una manera divina. Porque no puede haber habido un sólo momento en que el Hijo no confiara en el Padre. Así El *originó* el principio de la fe (confianza) en Dios y El *«perfeccionó»* el desarrollo de la fe al renunciar a Su Gloria original, al humanarse, andar por la tierra como un ser dependiente y sobre todo al entregarse para morir en la cruz» (G. H. Lang). En tanto que el Hijo debe haber confiado desde la eternidad en el Padre, fue el primero en ejercer la fe, y por ello es su «Autor». En la cruz llevó la fe a su máximo grado concebible de desarrollo, y por ello pasó a ser su «Consumador».

De modo que, como pionero de la fe, va delante de los suyos, mostrándoles el camino por el que El mismo ha pasado, siendo así su más perfecto ejemplo de fe. De esta manera el verdadero Hijo de Dios y del hombre mostró cómo la fe puede ser elevada al grado más alto de perfección. Jesús mostró una fe perfecta. De esta manera es a la vez Autor, Pionero, Precursor y pleno Exponente y Consumador de la fe.

Esto se muestra de modo maravilloso en Su exclamación: «¡Consumado es!» Si este grito se hubiera aplicado a la resurrección o a Su ascensión al trono de la gloria de Dios, podríamos haberlo entendido —digámoslo con reverencia. Pero Cristo lo pronunció en el Calvario, en momentos en que todo parecía destruido, cuando el sol se había oscurecido y Sus sufrimientos corporales eran máximos, cuando Sus enemigos se burlaban de El y creían haberlo derrotado, cuando en el momento de ver que se acercaba la muerte *entonces* dijo: «¡Consumado es!» En la hora más sombría de la historia de la humanidad oímos el grito de victoria más radiante. Si la fe es, según la carta a los hebreos, la «sustancia» de las cosas que «esperamos», la «evidencia» de las cosas que «no se ven» (He. 11:1), entonces la fe descrita aquí como ejercida por Jesús es de un orden perfecto. Nunca la ha ejercido nadie como Jesús en el Gólgota. La fe aquí alcanza su perfección. Por esta razón Cristo es Aquel que sufrió la cruz, pasó no sólo a ser Adalid de la fe, sino en el sentido más profundo, también, el Consumador o Perfeccionador de la fe. En El vemos por primera vez lo que es la verdadera fe.

Al mismo tiempo la perfecta *humanidad* del Hijo de Dios encarnado brilla ante nuestros ojos (Jn. 1:14).

Tenemos la costumbre, muy apropiada por cierto, de considerar la deidad del Redentor y Su eterna relación como Hijo de Dios, como el punto central de nuestras ideas espirituales. En verdad, Jesús de Nazaret, que pasó por el mundo como un peregrino y fue crucificado por nosotros en la cruz, fue «Dios manifestado en carne» (1.ª Ti. 3:16), «Dios le bendijo para siempre» (Ro. 9:5). Pero no deberíamos olvidar nunca que El fue Dios revelado «en *carne*», esto es, verdaderamente hombre en vida y naturaleza. O como dijo uno de los primeros padres de la Iglesia: «Permaneció lo que era. Pasó a ser lo que somos nosotros.» «El estaba al mismo tiempo en Su propio mundo y naturaleza, así como igualmente en *nuestro* mundo y naturaleza.» El pensar en aclarar este misterio es una insensatez. El misterio de la encarnación no puede ser desvelado. Cristo no sólo *obró* milagros, sino que fue un milagro en *sí mismo*, El fue *el* milagro de *todos* los milagros, el milagro arquetípico. Debemos reconocer la verdad de Su humanidad y la verdad de Su deidad. En Cristo tenemos a un hombre en esta tierra que llevó a cabo perfectamente la voluntad de Dios. En El se hizo claro lo que Dios quería expresar cuando dijo: «Hagamos al hombre a nuestra imagen, según nuestra semejanza» (Gn. 1:26) La vida de Cristo en la tierra es una perfecta explicación del significado de la creación del hombre.

¡Qué ánimo y qué refrigerio es saber que este Hombre perfecto nos ha dado prueba de que es posible vivir por fe aquí en la tierra, en nuestras presentes circunstancias, de tal manera que se glorifique de modo perfecto a Dios! Cuando miramos a su sacerdocio divino desde este punto de vista, cuán efectivo y vital se nos aparece: «Porque no tenemos un sumo sacerdote que no pueda compadecerse de nuestras debilidades, sino uno que ha sido tentado en todo según nuestra semejanza, pero sin pecado» (He. 4:15).

Por esta razón la meditación sobre la humanidad del Encarnado no es un problema especulativo de la filosofía teológica cristiana, sino un tema de serio pensamiento contemplativo para el corazón creyente, de modo que le anime a seguir en su camino de santificación práctica. El ejemplo de nuestro Señor nos forma y nos educa. El cuadro de Jesús que nos dan los Evangelios no debería ser usado con fines evangelísticos exclusivamente; esto es, principalmente para ganar a los que están «afuera»: debería ser usado para que nosotros aprendamos fe práctica en la vida y santificación. Esto se aplica tanto a las lecturas devocionales de la Escritura por el individuo como para el ministerio público en la Iglesia.

La verdadera humanidad del Redentor y Su vida de fe en la tierra nos dan la razón de por qué el autor de la Epístola a los Hebreos no nos introduce a Cristo por su título de Cristo. No dice: «Miremos a Cristo», sino que le llama «Jesús», subrayando Su humanidad. Ni aun dice la palabra «Cristo», o ningún título que perteneciera a Su divinidad como «*Kyrios*» (es decir, «Señor»). Dice simplemente: «Miremos a *Jesús*.» Esto se hace a propósito, del mismo modo que en otras partes del Nuevo Testamento los dos nombres, «Jesús» y «Cristo», son distinguidos cuidadosamente.

«Jesús» es el nombre que fue dado al Hijo en Su encarnación (Mt. 1:21). Este nombre está por tanto relacionado de una manera especial con el período de Su vida en la tierra, Su verdadera humanidad y Su humillación. Es el nombre que tiene en común con los demás hombres (p. ej.: Jesús Sirach, Jesús Justo [Col. 4:11]).

«Cristo» es el título de Mesías, en cuyo significado pleno entrarán luego Su ascensión y Su exaltación. «Sepa, pues, con plena seguridad toda la casa de Israel que a este Jesús a quien vosotros crucificasteis, Dios le ha hecho Señor y Cristo» (Hch. 2:36).

Esta es la razón por la que los Evangelios hablan principalmente de «Jesús», mientras que las Epístolas usan más el título de «Cristo». Porque los Evangelios tratan principalmente del período de Su humillación, mientras que las Epístolas testifican de El como resurrecto y exaltado. Es sólo en los lugares de las Epístolas en que se habla de Su pasada humillación que se hace énfasis sobre el nombre de «Jesús» y se usa solo (2.ª Co. 4:10; Fil. 2:10; 1.ª Ts. 4:14; He. 2:9, 13:12). El pasaje que estamos considerando ahora se refiere también al período de la humillación del verdadero Hijo del Hombre. Por ello el uso del nombre «Jesús» nos muestra cuán perfecta y exacta es la Palabra inspirada de Dios.

En la palestra de la fe:

«¡Puestos los ojos en Jesús!» El sufrió la cruz:

3. Como Vencedor triunfante en esperanza inquebrantable

«Por el gozo puesto delante de El» soportó todo este sufrimiento. ¿Qué gozo? No la gloria del *Logos* que ya tenía como «Verbo» desde antes de Su encarnación; no el gozo del mundo, que el Tentador le había ofrecido si quería tomar la gloria de los reinos de este mundo de su mano (Mt. 4:8-10); ni aún el simple gozo del mero evitar los sufrimientos humanos que se habría ahorrado de no sufrir la cruz; sino el *futuro* gozo que Cristo contempla delante de El, a saber, la completa redención, la *Ekklesia*, que un día sería conquistada, la glorificación del Padre, Su propia posición personal como Vencedor en la gloria después de terminada su obra —de hecho todo el gozo que sería suyo si resistiera firme hasta el fin.

En la afirmación: «el cual *por* el gozo puesto delante de El soportó la cruz», el griego *anti* (traducido por la palabra «por») podría también significar «en vez de» de modo que tendríamos que Cristo tenía la opción entre el goce de bendiciones celestiales y temporales por un lado y la humillación de la muerte en la cruz por otro, y que sufrió la cruz «en vez de» este gozo. Pero en nuestro contexto la palabra debe tener el otro significado: «a fin de» conseguir algo valioso por lo cual uno debe hacer o sufrir algo, «a fin de alcanzarlo; Cristo sufrió la cruz «a fin de alcanzar el gozo que estaba delante de El.» El mismo sentido tiene la palabra en Hebreos 12:16, donde dice que Esaú vendió sus derechos de primogenitura «a fin de» conseguir el potaje. El factor decisivo, aquí, para entender *anti* es el contexto, que significa el objetivo del que está corriendo una carrera, puestos los ojos en el premio: «puesto delante de él» *(prokeimenos)* en relación con la palabra gozo. La palabra *prokeimenos* (poner delante) se usa a veces con respecto a premios públicos destinados a honrar a una persona. Estos premios son exhibidos *(prokeimenos)* ante los espectadores.

De modo que, Jesús en Su «carrera» miraba fijamente al gozo que vendría. No volvió el rostro ni se desvió del futuro por causa de nada relacionado con el presente. Su sufrimiento tuvo lugar con la consideración del gozo futuro. Su fe, aunque adornada con la corona de espinas, tenía la segura esperanza de la corona real de la gloria celeste.

Y Dios aprobó esta actitud de fe y esperanza del Crucificado. Por tanto, vemos a Jesús, hecho un poco menos que los ángeles, coronado de gloria y de honor por la misma razón de que sufrió hasta la muerte. Las palabras en Hebreos 2:9, «a causa del padecimiento de la muerte» se refieren al «coronado» y no al «hecho un poco menor». El texto no significa que Jesús fue hecho un poco menor que los ángeles a fin de que muriera, sino que fue exaltado «porque» estuvo dispuesto a morir. El texto no habla de la encarnación sino de la ascensión. El pensamiento es el mismo que hallamos en Filipenses 2:9: «*Por lo cual* [debido a Su obediencia hasta la muerte en la cruz] Dios también lo exaltó hasta lo sumo, y le otorgó le nombre que es sobre todo nombre.» El camino de Cristo siguió desde la humillación a la glorificación, del rechazo al reconocimiento, de la cruz a la corona. Su autohumillación es la razón por la que ahora está «en medio del trono», en la gloria, como «Cordero que fue inmolado», llevando las marcas de las heridas de Su amor (Ap. 5:6). Y por esta misma razón, el «nuevo cántico» es: «Digno eres de tomar el libro y de abrir sus sellos [el libro de la consumación de los caminos de la redención divina de la humanidad y de la tierra], porque fuiste inmolado, y con tu sangre nos compraste para Dios, de todo linaje, lengua, pueblo y nación; y nos hiciste para nuestro Dios reyes y sacerdotes, y reinaremos sobre la tierra» (Ap. 5:9-10). Jesús, como Cordero de Dios es, por la gloria del Padre, el que consuma y perfecciona el mundo y triunfa y es exaltado por ello.

Cuado Pablo habla de esta exaltación de Aquel que había sido antes humillado, considera que es casi imposible encontrar la palabra que exprese *esta* exaltación y glorificación de modo apropiado. Como ocurre con frecuencia, se encuentra aquí con el hecho de que el griego no posee la palabra que expresa lo que quiere decir, a pesar de su riqueza. Es debido a que la experiencia humana no puede elevarse al asunto a expresar. Por ello Pablo inventa una *nueva* palabra y dice que Dios lo «super-exaltó» *(hyperhypsosen)*. Toda otra exaltación no es nada comparada con *esta* exaltación. Esta es la respuesta de Dios a la fe y esperanza inconmovible del Crucificado.

Pero todas estas palabras se hallan en las Escrituras para servir a fines prácticos. Cuando se nos exhorta a mirar a Jesús y cuando Jesús nos es presentado ante los ojos en el aspecto de Su heroica firmeza, Su fe perfecta, y Su esperanza motivada, todo esto ha sido puesto en la Palabra de Dios para animarnos a un discipulado genuino y real en la vida y en la práctica.

Cristo sufrió la cruz:

4. Como Ejemplo que debe animarnos y fortalecernos a nosotros sus seguidores

El propósito de la exhortación «¡Puestos los ojos en Jesús!» es, en el contexto de la Epístola a los Hebreos: «Mirando a Jesús, animémonos a seguirle en la palestra de la fe. El mirar al Crucificado nos da valor renovado en toda situación. Incluso el sufrimiento es puesto por la cruz bajo su propia perspectiva. A fin de sopesar nuestras propias dificultades bien, hemos de considerar lo que Jesús sufrió y pensar a qué clase de contradicción de pecadores fue sometido. Este es el ánimo que resulta de mirar a Jesús. El sentido exacto de la palabra griega usada aquí por «considerar» es *analogizesthai*, es decir, «tener en cuenta, contar el coste, calcular cuidadosamente». Aparece por ejemplo en III Macabeos 7:7; I Clem. 38:3. Así que tenemos que «calcular» lo que Jesús sufrió y permanecer imperturbables como El permaneció. El puso en acción la fe, y nosotros hemos de vivir por fe. El esperó mientras sufría y miró hacia adelante a la corona; lo mismo nosotros debemos tener los ojos puestos en el objetivo. Cristo, el Crucificado, es no sólo nuestro Salvador sino también nuestro Ejemplo. No basta con darle un vistazo sino que es preciso seguirle. No hemos sólo de meditar sobre El, sino responder a El; no sólo admirarle, sino obedecerle y respetarle. No olvidemos: la cruz nos trae no sólo la salvación, nos trae también obligación, nos libra pero nos ata, nos suelta del poder del pecado pero toma posesión de nosotros a fin de que podamos vivir una nueva vida de santidad. Uno no puede en realidad creer en el Crucificado sin al mismo tiempo hacer suya la experiencia de la cruz como principio de su vida y carácter. «Porque Cristo para esto murió y resucitó, y volvió a vivir, para ser Señor, así de los muertos como de los que viven» (Ro. 14:9). El dejarlo todo (Lc. 14:33), el tomar la cruz (Mt. 16:24), el amar a Jesús más que lo más querido en la tierra (Mt. 10:37), el servirle sólo a El (Lc. 16:13), el aborrecerse a uno mismo (Lc. 14:26), el perder la vida para volverla a ganar (Jn. 12:25): esta es la actitud que el Crucificado exige de los suyos. Sólo esta actitud nos lleva a una verdadera comunión de la cruz con El. Sólo así es posible vivir una vida feliz de comunión con Aquel que resucitó (Ro. 6:1-14).

Durante mis viajes he visitado con frecuencia los conocidos lugares en que transcurrió la vida de Martín Lutero. De hecho, he visitado la mayoría de ellos: Eisleben, donde nació y murió; Eisenach, donde fue a la escuela y estudió los clásicos; Erfurt, donde visitó la Universidad y luego en la celda del monasterio imploró al Dios misericordioso con lágrimas y sollozos; Wittenberg, donde fue profesor y clavó las tesis en la puerta y quemó la Bula de excomunión del Papa; Wartburg, donde tradujo el Nuevo Testamento; Worms, donde hizo su gran confesión delante del emperador en la Dieta Imperial; Marburg, Coburg y Halle. En muchos de estos lugares se halla la llamada «rosa de Lutero» en las puertas y paredes de las casas o edificios o en las colecciones de cartas o documentos del gran reformador.

Esta rosa representa el emblema o escudo de Lutero y fue dibujado por él mismo. Por medio de esta rosa Lutero quería expresar los principios más importantes de su propia fe y su experiencia personal de la salvación. Es el «símbolo de mi teología» dijo una vez. En el centro hay una cruz negra en medio de un corazón rojo, y el conjunto está rodeado por una rosa blanca sobre un fondo azul, con un anillo dorado alrededor. Con este sello Lutero quería expresar simbólicamente en forma y color lo que una vez escribió en una carta a Lazarus Spengler, el secretario de la ciudad de Nuremberg, escrita el 8 de julio de 1530, durante su estancia en Coburg: «Primero, tiene que haber la cruz, negra en el corazón, para que me recuerde que la fe en el Crucificado me salva. Porque si creemos en nuestro corazón, somos justificados. Aunque es una cruz negra y mortifica y hiere, deja un corazón en su color natural (rojo). No destruye nuestra personalidad natural. No mata, sino que nos permite vivir. Porque el justo *vive* por fe. Este corazón debe ser puesto en medio de una rosa blanca y alegre, a fin de mostrar que la fe produce felicidad, bienestar y paz, y no como el mundo la da. Por esta razón la rosa debe ser blanca y no roja. Porque el blanco es el color de los espíritus y los ángeles. Esta rosa está puesta en el centro de un fondo azul, a fin de mostrar que este gozo es el principio de un gozo celeste futuro. Y este fondo está rodeado por un anillo dorado a fin de mostrar que esta felicidad en el cielo es permanente y no tendrá fin, y que es más preciosa que todo el gozo de las posesiones terrestres, como el oro es el más precioso de todos los metales.» En otra ocasión Lutero expresó el mismo tema del modo siguiente:

El corazón cristiano anda sobre rosas
Aunque aquí su parte sea la cruz.

Nuestra porción, cuando la fe en el Crucificado está en posesión de nuestro corazón y es el centro de nuestra vida, es un gozo santo, celestial en su naturaleza y cuya duración es la gloriosa eternidad. La cruz no es un símbolo de destrucción sino de vida. Está inextricablemente entrelazada con la resurrección en las Escrituras. Porque la muerte de Cristo es al mismo tiempo la muerte de nuestra muerte y, por tanto, vida y bienaventuranza eterna. «¡Puestos los ojos en Jesús!» En la cruz se halla nuestra salvación.

Pero si Jesús ha de ser nuestro ejemplo, El, el Crucificado, debe ser primero nuestro Salvador. Antes de que la cruz pueda ser nuestra santificación debemos experimentarla como nuestra justificación. Antes de que pueda empezar lo «nuevo» debe empezar a desaparecer lo «viejo».

Hace algunos años un artista pintó un cuadro simbólico notable en alto grado. Mostraba una boca escupiendo, un ojo enrojecido y un puño cerrado, y nada más. No había la representación de la persona de Cristo, no había tampoco la plena representación de ningún ser humano. Debajo del cuadro había las palabras: «Profetiza, oh Cristo, quién fue que te dio este golpe.»

El significado del cuadro es transparente. Nos dice: Todos los que me miráis llenáis las partes de la pintura que han quedado vacías. *Vosotros* sois los que habéis herido a Cristo. La boca que escupe es *vuestra* boca. Y el ojo enrojecido es el *vuestro* y lo *mismo* el puño. Vosotros sois los que habéis colocado aquí a Cristo, en este sufrimiento indecible. No hay que mirar alrededor buscando: vosotros mismos sois. Es el momento de golpearse el pecho y confesar en humildad y vergüenza:

¡Cabeza ensangrentada,
Cubierta de sudor!

De espinas coronada,
Y llena de dolor.
¡Mi celestial cabeza,
Tan maltratada aquí,
De sin igual belleza,
Yo te saludo a ti!

BERNARDO DE CLAIRVAUX, siglo XII.

¡Qué maravilloso y abarcativo es el poder redentor del Crucificado! Nuestros pecados son incontables. Nuestra culpa insondable. ¡Cuán imposible hubiera sido enderezar nuestra vida sin la ayuda divina!

De una manera impresionante esto fue puesto en claro por el Señor en la parábola del siervo malvado. Habló Jesús de un rey uno de cuyos esclavos le debía diez mil talentos y al cual perdonó toda su deuda (Mt. 18:23-24). Diez mil talentos habrían sido una cantidad equivalente a casi diez millones de dólares hoy en día. Esto es una deuda fabulosa para un esclavo.

Hemos de comparar el valor del dinero hoy con el de entonces, que era inmensamente superior. Diez mil talentos eran unos 60 millones de denarios. Dos capítulos después, en la parábola de los labradores de la viña, se nos dice que el salario de un día de un obrero era un denario (Mt. 20:2-10, 13). O sea, que un obrero habría de trabajar 60 millones de días para ganar esta cantidad. Más de 164.000 años. Todo esto para darnos idea de la inmensidad de la suma. Si consideramos que habría que pagar intereses se comprende que, aunque trabajara, para pagar los intereses aún no le bastaría lo que ganaría, menos aun para devolver el capital. O sea que su deuda aumentaría día tras día. Esto es una comparación que nos muestra lo portentoso de la deuda. (Hay otras comparaciones en las parábolas de Jesús semejantes a ésta por su enormidad, como el quitarse una viga del ojo (Mt. 7:3); el hacer pasar un camello por el ojo de una aguja (Mt. 19:24); el sacarse un ojo o cortarse la mano antes de cometer un pecado (Mt. 5:29, 30). En el caso de la parábola del siervo se nos muestra que es imposible que el siervo pague con sus propios esfuerzos. La auto-redención es imposible. En cambio, la misericordia de Dios es tan maravillosa que excede todas las relaciones y comparaciones terrenas. Jesús pagó el precio del rescate, o sea, la enorme culpa de nuestros pecados de omisión y comisión. Lo hizo en el Gólgota. ¡Qué redención! ¡Qué Salvador!

Pero tenemos que recordar que esto implica deberes, a saber, servirle con amor y mostrar la misma actitud, en correspondencia con la naturaleza de Dios y Su bondad perdonadora.

Por tanto, si no has aceptado a Cristo como tu Salvador personal, no vaciles en hacerlo cuanto antes. Hazlo ahora mismo. El no quiere que pierdas esta gran oportunidad. El no quiere empobrecerte sino enriquecerte. La fe no hace pobre, sino rico.

> Hay vida en una mirada al Crucificado,
> Hay vida en este momento para ti.

«¡Puestos los ojos en Jesús!»

3

La vida deportiva y el arte de guerra de los antiguos y su aplicación espiritual

(Según comparación del Nuevo Testamento)

¿No sabéis que los que corren en el estadio, todos ciertamente corren, pero uno sólo se lleva el premio? Corred de tal manera que lo obtengáis. (1.ª Corintios 9:24.)

No que lo haya alcanzado ya...; sino que *prosigo*...: olvidando lo que queda atrás, y extendiéndome a lo que está delante, *prosigo* hacia la meta, para conseguir el premio... (Filipenses 3:12-14.)

LOS PUEBLOS son organismos con alma y cuerpo. Son más que la mera suma del total de los individuos que los forman. Tienen una vida corporativa que prosigue a través de las generaciones. Cada uno, pues, según su carácter natural, tiene ideales y propósitos definidos.

I. LA VIDA DEPORTIVA DE LOS GRIEGOS Y LOS ROMANOS EN GENERAL

La libertad, la belleza y la sabiduría eran los tres principales ideales de los griegos. Eran, pues, el objetivo de toda la educación griega. Según el ideal griego, un espíritu sano debía hallarse sólo en un cuerpo sano. Los griegos no podían pensar en un espíritu hermoso, en un cuerpo feo. «*Mens sana in corpore sano*», se dijo luego en latín. Por tanto, la verdadera educación implicaba no sólo el ejercicio de las características mentales, como el valor, la actividad, la prudencia, el conocimiento y el arte, sino también el fortalecimiento del cuerpo por medio del ejercicio físico regular. Esto desarrollaba fortaleza, destreza, belleza física, y, en conjunción con un entrenamiento espiritual superior, conducía a la excelencia humana suma.

1. **El ideal griego para el alma y el cuerpo.** Para los griegos, la belleza y la virtud eran inseparables. Veían los griegos el hombre ideal en la conjunción de un alma noble en un cuerpo hermoso. Para ellos *kalos*, es decir, «hermoso», significaba también «bueno». Todo lo hermoso debía ser bueno. Para esta dualidad habían hallado una palabra que no tiene equivalente en ninguna otra lengua: *kalokagathia*, esto es, la unión de tres palabras: *kalos* hermoso, *kai* y *agathos* bueno; significando, así, lo mismo «la belleza de la bondad» como la «bondad de la hermosura». Este era el ideal más elevado para la humanidad. Indicaba el armonioso y pleno cultivo del cuerpo y el espíritu del hombre.

La vida griega deportiva contribuía a este ideal. La belleza del alma y la fuerza y destreza del cuerpo eran desarrollados y dirigidos hacia este armonioso ideal. Por tanto, debido a la estima del cultivo de los dos, ya en los tiempos del poeta Homero (hacia 900 a.C.) el no ser diestro en gimnasia era considerado una vergüenza o una calamidad. Más tarde el ejercicio de la gimnasia se hizo una institución del Estado y se reguló mediante leyes severas. Eran ejercicios de una dificultad progresiva, que empezaban a los siete años y duraban hasta la edad adulta. Tenían lugar cada día, si era posible. Estaban unidos con baños y natación en agua fría, y un modo de vida natural y simple. Contribuían a la belleza del cuerpo que admiramos aún en las antiguas estatuas griegas. En Esparta, los ejercicios gimnásticos eran orientados hacia el endurecimiento para el servicio militar, y las chicas también corrían, tiraban la jabalina y luchaban, a fin de ser madres sanas de una raza de guerreros.

Durante siglos los griegos favorecieron y pusieron en práctica este sistema. Sólo muy hacia el final empezó a degenerar. Los romanos, más prácticos, no dieron al sistema con el mismo favor.

Los apóstoles llevaron el mensaje del Evangelio a este mundo mediterráneo de los griegos y romanos. «Jesús es el Salvador» fue su mensaje. El nos libra de la culpa y del poder del pecado. La fe en El crea nueva vida, resuelve los problemas, da gozo y fuerza, concede una vida victoriosa, una esperanza viva y un objetivo de eterna gloria. Por tanto, Cristo es la revelación del poder salvador de Dios. Donde El se revela retroceden y son vencidos los poderes de las tinieblas. El Evangelio es el «poder de Dios» (Ro. 1:16).

Pero éste no es un poder mecánico. Se revela al mundo en la vida de los redimidos sólo por medio de la unión permanente con Cristo, la fuente de poder. La obra eficiente del Espíritu Santo, que es el que imparte este poder, está unida a la devoción personal y los esfuerzos sinceros del creyente. Requiere de nosotros celo santo, y un esforzarse hacia la santidad y la victoria.

«Poder» y «derecho» son las dos palabras que indican los principales objetivos o ideales del pueblo romano, que pasó luego a gobernar el mundo alrededor del Mediterráneo. Son también dos verdades y posesiones prominentes de la fe cristiana. Especialmente, en los escritos de Pablo, son algo central. Porque el Evangelio es el cumplimiento de los anhelos humanos. Aquello por lo que los griegos se esforzaban, que dormitaba en su alma como un anhelo íntimo, pasó a ser en Cristo una realidad espiritual efectiva y viva. Pero al mismo tiempo, este don de Dios sobrepasa toda concepción humana, como el cielo es más alto que la tierra, como la misericordia de Dios es mayor que nuestra necesidad, y Su fuerza es más gloriosa que lo mayor y más elevado que nosotros podemos soñar.

Para proclamar esta salvación de Dios a los hombres y ayudarlos a entender estas grandes y eternas verdades, los apóstoles y evangelistas usaron constantemente cuadros y comparaciones sacadas de la vida cultural, social y civil de aquellos tiempos. Y como el discipulado de Cristo es al mismo tiempo una guerra santa, sacaron comparaciones de la vida del soldado o del atleta. Los que oían el mensaje o leían las cartas podían percibir claramente que la fe en Cristo implicaba la entrada en un conflicto. Ahora bien, es nuestro deber, en el poder de Dios, proseguir hasta la consecución del ideal celeste. Hemos de concentrar el poder que Dios nos da para alcanzar el objetivo divino. Hemos de luchar, no ya en nuestra fuerza, sino por la fe que hace uso del poder de la gracia. Sólo así podemos asegurar la completa victoria.

Por tanto es importante que estemos al corriente de los principales aspectos de las prácticas atléticas de este período, para poder entender las numerosas referencias que hay a ellas en el Nuevo Testamento.

2. El «Gimnasio» griego. La «Palestra». La «Academia» de Atenas. Al principio, la gimnasia griega consistía sólo en unos pocos ejercicios más bien simples. Gracias al clima soleado de Grecia eran practicados al aire libre y los atletas iban desnudos, de lo que vino la palabra «gimnasia» (en griego *«gumnos»* significa desnudo). Por ello el lugar se llamaba gimnasio. Eran estos lugares a pleno aire, sombreados y equipados para verificarse allí los juegos, carreras y lucha. En medio había un espacio abierto *(ephebeion)* rodeado de columnas *(peristylon)*. Se adornaba el lugar con estatuas y otras obras de arte.

Más adelante hubo espacios para lucha que se pusieron bajo techado. Estos lugares se llamaban «palestras», que es una palabra derivada de *palé*, competición de lucha. En ellas los luchadores se agarraban y trataban de echarse al suelo. Esta figura es empleada por Pablo en su descripción de la armadura del cristiano: «Porque no tenemos lucha *(pale)* contra carne y sangre, sino contra principados, contra potestades... contra huestes espirituales de maldad en las regiones celestes» (Ef. 6:12).

En Atenas las «palestras estaban más cerca de la ciudad que los «gimnasios».

Las pistas para carreras fueron introducidas también *(stadion)*. Un estadio tenía unas 200 yardas (183 metros). En la edad de oro de Grecia, antes de la guerra del Peloponeso (431-404 a.C.), había muchos gimnasios y palestras bien equipados, que, además de las características requeridas para el ejercicio, tenían habitaciones especiales para untar con aceite o polvos apropiados los cuerpos de los luchadores, baños, habitaciones para sudar (hoy diríamos saunas) y guardarropas. Cerca de Atenas había tres gimnasios y luego se construyeron dos más, rodeados de jardines, con estatuas de dioses.

Según el ideal de la *kalokagathia*, la belleza de la bondad, el ejercicio del cuerpo y la educación del espíritu estaban inseparablemente unidas. Por esta razón, en estos mismos gimnasios se procuró desarrollar una poderosa vida intelectual. Estaban provistos de salas especiales *(exedra)*, para discusiones y conferencias, en que filósofos, retóricos y otros intelectuales se reunían, y en estas habitaciones había bancos de piedra adosados a la pared. La actividad de Sócrates, según fue descrita por Platón y Jenofonte, nos da una idea vívida de la vida mental que se desarrollaba en estas escuelas, además de la gimnasia.

Una de las más famosas era el gimnasio dedicado al héroe legendario Academos y por esto se le llamaba «Academia». Este Academos es mencionado en un pasaje de la leyenda del rey Teseo de Atenas y los Dioscuros (los dos hijos gemelos de Júpiter, Castor y Polux; véase Hch. 28:11). El rey había robado a Helena, la hermana de los gemelos, pero Academos había revelado a los dos hermanos el lugar donde se hallaba, para que éstos pudieran rescatarla. Los lacedemonios (o espartanos) cuando invadían Atica (donde se halla Atenas) siempre respetaban esta escuela dedicada a Academos, porque reverenciaban a los Dioscuros. Se hallaba en medio de hermosos jardines con olivos y otros árboles. Había un altar dedicado a las Musas y un altar a Atenea. Allí había enseñado Platón. Aristóteles enseñó en otra escuela cerca de Atenas llamada Liceo. La escuela de Platón se llamó la Academia, y sus seguidores académicos.

Debido a la conjunción en la práctica de los deportes y gimnasia junto con el cultivo intelectual, los humanistas de todas las edades han aplicado el término «gimnasio» a sus escuelas. Allí se cultivaron las lenguas clásicas. En algunos lugares pasó a ser el nombre de las Escuelas secundarias o Institutos, especialmente en Alemania. Del nombre de la palestra Likeion (cerca de Atenas), donde enseñó Aristóteles, se ha derivado el nombre «Liceo» usado en el mismo sentido de cultivo de la *kalokagathia*.

El significado de los gimnasios y palestras cobraba mayor valor debido a los deportes o juegos nacionales, porque era en éstos que se demostraba la destreza conseguida en las palestras ante toda la nación y donde era galardonada debidamente.

3. **Los Juegos Olímpicos y los Juegos Istmicos.** Los ejercicios gimnásticos tenían naturaleza competitiva, y por ello se organizaban competiciones, especialmente con ocasión de triunfos militares, festivales de la cosecha o dedicación de templos. Estas competiciones eran al principio simples en estilo, pero en el curso del tiempo se desarrollaron en grandes festivales populares y de carácter nacional. Eran visitados no sólo por los griegos de la metrópolis, sino por los helenos de las islas y los de las costas del Asia Menor, así como de Egipto e Italia. El centro en que empezaron estos festivales fue Olimpia.

Olimpia estaba situada en la región de Elis, en el Peloponeso, cerca de la costa del Mar Jónico, frente a la isla de Zakintos. Desde el siglo VIII a.C. se celebraban cada cuatro años, en el solsticio de verano, y eran cinco días de competiciones en honor a Júpiter. Los cuatro años de intervalo entre los Juegos Olímpicos se llamaban una olimpiada.

Los nombres de los vencedores eran celebrados en canciones en toda Grecia, y se les elevaban estatuas. Los Juegos *Olímpicos* eran la flor y el principal ímpetus de los ejercicios gimnásticos. Los griegos acudían a millares de todos los territorios metropolitanos y de las colonias. Se confería gran dignidad a los festivales con la presencia de embajadas de las ciudades o estados individuales, que enviaban a sus hombres más representativos. Olimpia era una expresión de la unidad nacional de las diferentes tribus griegas, el centro no ya del Peloponeso, sino de toda la Helade.

Junto con las competiciones se fueron organizando grandes ferias, con intercambio de mercancía. Se hacía también toda clase de propaganda. A partir de la 80ª Olimpiada (456 a.C.) los poetas oradores y artistas procuraban hacer conocer sus producciones ante audiencias selectas. Incluso el gran historiador griego Herodoto se dice que leyó allí en público un fragmento de su historia de las guerras pérsicas.

Además de los Juegos Olímpicos, había otras tres grandes competiciones nacionales, pero ninguna de ellas consiguió tener la importancia de los Olímpicos.

Los Juegos *Istmicos* eran un festival de los jónicos y estaba al principio bajo la supervisión de Atenas, y luego de Corinto. Istmico se refiere a istmo, la franja de terreno cercana a Corinto que une la península del Peloponeso con el territorio de Grecia continental. En 1.ª Corintios 9:20-27, Pablo se refiere a los Juegos Istmicos. El apóstol quería presentar su mensaje de modo que fuera fácilmente entendido y hace referencia a sucesos o hechos entonces bien conocidos. Quería hacerse todo a todos, para ganar a algunos para Cristo (1.ª Co. 9:19-23). Así se hizo judío para los judíos, griego para los griegos, ateniense para los atenienses, como, por ejemplo, cuando se refiere a sus altares (Hch. 17:23) en el discurso en el Aerópago. Para los corintios era corintio, y detalla en su carta a los cristianos de esta ciudad los juegos deportivos de la región: «¿No sabéis que los que corren en el estadio, todos ciertamente corren, pero uno solo se lleva el premio? Corred de tal manera que lo obtengáis. Todo aquel que lucha, en todo ejercita el dominio propio; ellos, en verdad, para recibir una corona corruptible, pero nosotros, una incorruptible. Así que, yo de esta manera corro, no como a la ventura; de esta manera golpeo, no como quien golpea al aire, sino que trato severamente a mi cuerpo, y lo pongo en servidumbre, no sea que habiendo proclamado a otros, yo mismo venga a ser reprobado» (1.ª Co. 9:24-27).

Los Juegos *Istmicos* se celebraban en honor de Poseidon (Neptuno), el dios del mar, junto a un bosquecito de piceas (una variedad de pino).

Los Juegos *Piticos* o *Pitios* se celebraban cerca de Delfos, en la región de la Focia, cerca del pie del Monte Parnaso. Delfos era el oráculo principal del dios del sol, Apolo. Los juegos se celebraban en su honor. La muchacha que salió al encuentro de Pablo y tenía espíritu de adivinación (o pitónico) o sea una pitonisa, era una medium del dios Apolo (Hch. 16:16).

Los Juegos Pitios comenzaron en el año 586 a.C. Al principio eran competiciones musicales. Después se añadieron juegos gimnásticos y carreras de carros y caballos. Como el laurel era sagrado para el dios Apolo, la guirnalda del vencedor se trenzaba de ramas de laurel que había sido llevada antes en la procesión, y sacadas de un cercano bosquecito sagrado de laurel. Además, el vencedor recibía una palma, como se hacía a veces en los Olímpicos también.

El cuarto grupo de juegos en Grecia se celebraba en *Nemea*, en el distrito de Argolis, en honor a Júpiter, pero no alcanzaron mucha celebridad.

El los tiempos de Pablo se celebraban juegos atléticos en la mayoría de las provincias romanas. Casi cada ciudad tenía sus competiciones regulares periódicas, cuya organización era uno de los deberes principales de las autoridades locales. Efeso, centro de evangelización de Pablo, y después de Juan, era la capital de la provincia romana de Asia, en el oeste del Asia Menor. El presidente de Alto Concilio de la Provincia era a la vez sumo sacerdote y árbitro de los juegos. Era uno de los «asiarcas», algunos de los cuales eran amigos de Pablo (Hch. 19:31). Como autoridades eran presidentes de estas celebridades que tenían un carácter religioso al mismo tiempo.

Estos festivales deportivos se celebraban en la mayoría de las ciudades a las cuales se refiere el libro del Apocalipsis, al hablar de las iglesias, como Efeso, Esmirna, Sardis, Filadelfia, Laodicea (Ap. 2 y 3). Así que, estas costumbres y prácticas eran conocidas en todo el mundo que rodeaba a los primitivos cristianos, y ellos entendían las comparaciones y símiles que los escritores del Nuevo Testamento hacían para dejar más claro el mensaje a sus lectores cristianos.

4. Olimpia como santuario nacional griego central. En los tiempos antiguos Olimpia era un lugar sagrado, con hermosos bosques, edificios y millares de estatuas. La provincia de Elis y Olimpia tenían concedido un permiso especial para quedar al margen de actividades guerreras. Ningún ejército cruzaba el territorio. Cuando se celebraban los juegos, si había guerra, cesaban las hostilidades en toda la Grecia. Esto estaba en vigor desde los tiempos del legislador espartano Licurgo, hacia 850 a.C. Los juegos eran proclamados por los heraldos.

El festival se celebraba en el período de luna nueva después del solsticio de verano, a principios de julio. A aumentar el número de competiciones los juegos pasaron a durar de uno a cinco días.

En el año 776 a.C. ganó la carrera un tal Koroibos. A partir de entonces el nombre del vencedor fue inscrito. Aquel año fue el primero en que empezaron a contarse las olimpiadas. El período más floreciente de los Juegos Olímpicos fue los siglos VI y V a.C. hasta la guerra pelopon (431-404). Pero a pesar de los conflictos entre las diferentes ciudades griegas, los juegos duraron hasta el período romano. Incluso un emperador, Nerón, procuró ganar el honor de la corona del vencedor en los Juegos Olímpicos.

A la entrada del círculo sagrado central se hallaba el olivo sagrado, del cual se sacaban las ramas para la corona del vencedor. Cercano se hallaba el templo a Zeus (Júpiter) Olímpico. Había mosaicos, columnas y estatuas que ahora se hallan en el Museo de Olimpia. En el templo había la mayor estatua de Zeus Olímpico, que Herodoto dice fue esculpida por Fidias, y adornada con oro y marfil.

Los Juegos Olímpicos continuaron hasta el siglo IV después de Cristo, en que fueron prohibidos por Teodosio. Esto fue en el año 394 d.C., esto es, en la 293ª Olimpiada.

El templo y los atrios de columnas fueron destruidos por terremotos. El río Alfeo lo inundó y llenó las pistas y estadios. Después de la caída del Imperio Romano todo lo que quedaba de los espléndidos edificios fue objeto de devastación y pillaje, de modo que apenas queda rastro. La desidia y la naturaleza han dejado lleno de matorrales un sitio que fue espléndido en belleza en otros tiempos. Ahora los terrenos son cultivados y se produce en ellos avena y aceitunas.

En 1776 un inglés, Chandler, dirigió su atención a Olimpia. Se hicieron excavaciones por arqueólogos alemanes (Curtius y Adler, 1875-1881), y ahora hay estatuas y otros restos en el gran Museo de Olimpia, edificado por el rey de Grecia según los planes de Adler. El escritor de este libro posee un cuadro original de Olimpia y el museo pintado por Adler. Como resultado de las excavaciones de Curtius y Adler se ha hecho posible un reconocimiento exacto de los edificios y monumentos sagrados.

5. Anfiteatros y circos de los romanos: Circo Máximo y El Coliseo, en Roma. Los juegos y competiciones de los romanos tenían otras características. Los anfiteatros y los circos eran los lugares típicos para ellos.

El anfiteatro romano era un edificio oval o circular, sin techo, constituido por hileras de asientos y en el centro se hallaba la arena o área para las competiciones, separada por una muralla de los asientos. Se hallaba arena esparcida sobre el suelo (de ahí el nombre). Por debajo, excavado en el suelo, había un lugar para animales salvajes y habitaciones para los gladiadores. En los asientos cercanos a la arena había el lugar de los árbitros de los juegos. El sitio de honor se llamaba *Podium*. Aquí se sentaba el Institudor de los Juegos (o sea, el director), así como las vestales, las sacerdotisas del Estado y de la diosa Vesta. Luego, había los asientos de los senadores, nobles y del pueblo. Había grandes toldos para protección contra el sol y la lluvia. Todavía se conservan los anillos y ganchos para estos toldos en el anfiteatro de Pompeya.

En el anfiteatro se juntaban grandes muchedumbres. Incluso la noche antes de los juegos la gente ya se dirigía a los asientos para asegurarse de conseguir uno. El anfiteatro Flavio, construido por los emperadores Vespasiano y Tito, el llamado Coliseo, en Roma, tenía capacidad para 50.000 personas sentadas. En el de Scaurus, cabían 80.000 personas. Por la literatura y por las ruinas se sabe que había 270 anfiteatros en los territorios del Imperio Romano. El autor ha visitado varios de ellos.

Un anfiteatro tenía que ser una vista espléndida. Todos los asientos estaban ocupados en algunos festivales. Abajo había los nobles, senadores, oficiales y damas o matronas en magníficos vestidos. Las vestales en su vestimenta sacerdotal. Encima se hallaba el pueblo común, los campesinos, los soldados, e incluso los esclavos tenían libre acceso. Se extendía un toldo sobre la arena, y las balustradas eran adornadas con alfombras; había banderas en los mástiles, guirnaldas de rosas unían los pilares. Ante las estatuas de los dioses quemaban tazones de incienso. A veces se lanzaban higos, dátiles, nueces a los espectadores, así como aves asadas e incluso faisanes. Se distribuían números de lotería, con los que se ganaban vestidos, muebles, oro, plata, casas y fincas. La suerte podía hacerle rico a uno. Todo estaba dedicado al placer y la alegría. Todo era jolgorio entre los espectadores: con todo, el espectáculo que se iba a presentar sería horrible.

Otro lugar en que se celebraban los juegos romanos eran los *circos*. El nombre procede de *«circus»*, círculo en latín; pero no era un círculo sino una pista ancha y larga. Había carreras, lucha, pugilato en los llamados Juegos Circenses, que se celebraban en todo el mundo alrededor del Mediterráneo. Pablo usa estas competiciones como ejemplo o símbolo de los conflictos en la vida espiritual.

El circo mayor era el Circo Máximo, en Roma. Según la tradición fue construido por el rey Tarquino Prisco hacia 500 a.C. en el valle entre el Palatino y el Aventino, dos colinas de Roma. César completó la arena o pista, de unas 700 yardas (640 metros) de longitud y 140 (218 metros) de anchura. Estaba rodeado por tres hileras de arcos. Dentro se hallaban los asientos para los espectadores, también con asientos bajos para los senadores y clases altas. En tiempo del César se dice que cabían 150.000. Aumentaron a 250.000 en tiempos de Tito, conquistador de Jerusalén, y aún fueron aumentando según las crónicas, a menos que hubiera exageración, que todo cabe. En todo caso, tenía que ser de una cabida enorme.

Entre los romanos, además de carreras a pie, lucha, pugilatos, carreras de caballos y de carros, había también luchas entre animales salvajes. Estas eran más prominentes que las carreras apie. Tenían que ser espectáculos feroces, tanto en el circo como en el anfiteatro.

La vida fue deteriorando y las masas, muchas veces ociosas, y en plena degeneración moral pedían constantemente *Panem et circenses* (pan y juegos). Algunos emperadores se contagiaron de estas locuras, y Calígula nombró a su caballo favorito, Incicatus, Cónsul del Imperio (!) y así la autoridad principal del Estado. Nerón apareció en los circos como auriga, poeta, cantante, músico y actor, en Roma y en las provincias.

En el anfiteatro los gladiadores (*gladius*-espada) luchaban a muerte. Si mostraban temor se les azuzaba con varillas de hierro candente. Si mostraban valor se les aplaudía o al morir se les vitoreaba. A veces luchaban bandos enteros: 300 hombres a caballo contra otros tantos; quinientos hombres a pie contra un número equivalente, o 20 elefantes contra otros 20 elefantes. En tiempo de los césares estas competiciones se hacían en los anfiteatros y no en los circos.

Los anfiteatros se llenaban en algunas ocasiones con agua y contendían allí flotillas navales. Claudio (mencionado en Hch. 11:28, 18:2) mandó organizar en el lago Fucino una batalla naval entre galeras. Domiciano, contemporáneo del apóstol Juan hizo excavar un gran lago en que es celebraban batallas. Todo esto no eran simulacros, sino refrigerios en que morían miles de personas.

Si estos lamentables ejemplos de brutalidad tenían todavía algo suntuoso, la ejecución de criminales, que tenía lugar en los anfiteatros como un espectáculo era algo horrible y repugnante. Amarrados a postes eran devorados por animales salvajes hambrientos. A veces se les permitía defenderse con armas, con lo que se prolongaba su agonía. A los ladrones se les crucificaba o sus miembros eran arrancados uno a uno por osos. El algunas ocasiones se simulaban escenas mitológicas, en que el desgraciado moría como algún héreo legendario. Se veía a Mucio Scevola (el equivalente, como es natural) manteniendo la mano sobre los carbones ardientes, o bien a Hércules ascender a la pira y arder.

En tiempos de Nerón, o sea de Pablo, estas formas de ejecución se aplicaron a los cristianos, sea muerte por el fuego (Hércules) o se les quebrantada en la rueda (Ixión) o se les despellejaba vivos (Marsias). A una mujer se la ataba a un toro por el pelo y la arrastraba hasta que moría (Dirce), martirio que se dice fue aplicado a Pereptua, cerca de Cartago (202 a.C.). Otros eran las Danaides que sin cesar iban llevando aguas en grandes jarros, y les daban de latigazos, hasta que se caían muertas.

En general el espectáculo empezaba con un desfile de gladiadores armados. Ante el Emperador deponían sus armas y gritaban: «Ave Caesar; *morituri te salutant!*», o sea, «¡Salve, oh César, los que van a morir te saludan!»

Primero venía una batalla en simulacro, pero a la señal de la trompeta, la lucha empezaba con armas de verdad. Los gladiadores avanzaban, uno a uno o en grupos, con espadas, dagas o redes. A veces luchaban con lanzas y en ocasiones desde carros.

Si uno caía vivo en las manos de su contrario los espectadores decidían sobre su vida o su muerte. Si agitaban sus pañuelos o levantaban el pulgar significaba que se le concedía la vida. Si bajaban el pulgar era una orden para darle el golpe de gracia. Esto lo hacían hombres o mujeres, viejos o jóvenes, sin la menor vacilación.

De todas partes del mundo llegaban animales salvajes cazados a fin de proveer el anfiteatro. De Egipto llegaban hipopótamos, de Alemania osos salvajes, de Africa leones, de India elefantes. En un festival se menciona que había 600 osos y 500 leones. En los juegos en que el emperador Trajano celebró su victoria sobre los Dacios, en 106 a.C. (casi en tiempos del apóstol Juan), lucharon en total 11.000 animales salvajes. En los 120 días de juegos en la dedicación del Coliseo de Roma perdieron su vida 12.000 animales salvajes y 10.000 gladiadores.

La sangre encendía a la muchedumbre. Era una verdadera sed de sangre. Antes de que el derrotado tuviera tiempo de pedir misericordia el grito de muerte ya salía de las gargantas. Había esclavos que, disfrazados de dioses de ultratumba, arrastraban los cuerpos convulsos hacia el depósito de cadáveres. Los arrastraban clavándoles garfios en el pecho. Entretanto los vencedores recibían palmas, dones de dinero y alimentos costosos. Eran saciados, hechos ricos, tratados como reyes (véase 1.ª Co. 4:8).

Durante los intervalos se echaba arena limpia sobre la sangre derramada. Esto lo hacían los negros, que, además, lo rociaban todo con agua perfumada. Entonces empezaba otra vez el derramamiento de sangre.

Para mantener la excitación, los nuevos números del programa eran cada vez más truculentos. Las últimas luchas debían ser las más terribles y sangrientas.

Todo esto hemos de tenerlo en cuenta para entender algunas expresiones usadas por Pablo, especialmente en la primera carta a los corintios cuando les advierte contra la autoexaltación.

6. **El anfiteatro romano y el lenguaje figurado de Pablo.** «Porque, según pienso, Dios nos ha asignado a nosotros los apóstoles los *últimos* lugares, como a sentenciados a muerte; pues hemos llegado a ser *espectáculo* al mundo, a los ángeles y a los hombres. Nosotros somos insensatos por amor de Cristo, mas vosotros prudentes en Cristo; nosotros débiles, mas vosotros fuertes; vosotros honorables, mas nosotros despreciados. Ya estáis *saciados*, ya estáis *ricos*, sin nosotros *reináis*» (1.ª Co. 4:9, 10, 8).

Obsérvense las palabras «espectáculo», «saciados», «ricos», «como si uno fuera un rey», «puestos los últimos». Esta forma de poner juntos estos términos es posible que signifique un punto de vista especial del apóstol. En realidad, estos comentarios de Pablo, en que, por el uso de una santa ironía, él contrarresta el orgullo de los corintios, parecen implicar que está pensando en los procedimientos seguidos en el anfiteatro. Compara a los corintios y a sí mismo con aquellos que salen al circo o al anfiteatro. Al principio hay los juegos ligeros y menos peligrosos. Los últimos del programa son las competiciones más feroces, en que el juego es a muerte. Así la ejecución de criminales, como vimos, se realizaba en la arena en medio de una teatralidad espectacular.

Pablo compara a los cristianos de Corinto con aquellos que han entrado en la arena al principio, que tienen las batallas fáciles, y así, naturalmente han terminado la competición primero. *Ellos* al parecer y han ganado su victoria, mientras que él todavía tiene que luchar. Así que, en santa ironía, les dice: «*Vosotros* ya habéis recibido vuestros premios, como los combatientes victoriosos en la arena que han recibido las monedas que les han lanzado los espectadores: "ya sois ricos". *Vosotros* ya habéis celebrado vuestra fiesta, como los luchadores que han vencido y celebrado un banquete: "estáis santificados". *Vosotros* ya habéis sido honrados y os sentís como reyes: "reináis".»

Pero todo esto no altera el hecho de que estos altivos y arrogantes corintos han hecho frente sólo a los combates *fáciles*. Por tanto, su lucha y sus aparentes victorias son sólo las primeras, la parte fácil del espectáculo en la arena. En cambio Pablo y sus colaboradores tienen que sostener la batalla difícil. La suya era el *último* del espectáculo. Ellos son los *epithanatioi*, es decir, los gladiadores cuya lucha termina en la vida o en la muerte, los que realmente están detinados a morir, o sufrir la peor parte. Su batalla es mucho más seria que la de aquellos que lo consideran todo fácil, simple, seguro. Su devoción era, por tanto, más clara, no esquivaban los golpes. Por ello sigue diciendo: «Hasta el momento presente padecemos hambre, tenemos sed, andamos mal vestidos, somos abofeteados, y no tenemos morada fija. Nos fatigamos trabajando con nuestras propias manos; nos maldicen, y bendecimos; padecemos persecución, y la soportamos. Nos difaman, y exortamos; hemos venido a ser hasta ahora como la escoria del mundo, el desecho de todos. No escribo esto para avergonzaros, sino para amonestaros, como a hijos míos amados» (1.ª Co. 4: 11-14).

Hay otra referencia a los espectáculos en la arena de los circos y del anfiteatro en estas palabras del apóstol en la misma carta: «Si como hombre batallé en Efeso contra fieras, ¿de qué me aprovecha? Si los muertos no resucitan, comamos y bebamos, porque mañana moriremos» (1.ª Co. 15:32).

Sin duda Pablo no había luchado literalmente con fieras en el anfiteatro de Efeso. Primero, porque como ciudadano romano no se le podía condenar a luchar con animales. Segundo, Pablo no habría dejado de mencionar esto en la lista de sus sufrimientos en la segunda carta a Corinto (11:23-28), que es el testimonio más detallado de los sufrimientos y penalidades del apóstol.

Así que esta expresión es figurada. En Efeso Pablo encontró a hombres peligrosos y malvados, que se habían portado con él como fieras. En su epístola a los Romanos, Ignacio de Antioquía describe de modo similar a la tripulación pagana de un barco en el cual se le llevó de Siria a Roma, para ser sometido a juicio y luego ejecutado en el Coliseo (cerca 112 d.C.) Ignacio escribe: «Desde Siria a Roma, por mar y por tierra luché con eras, día y noche, encadenado con diez leopardos. Estos eran soldados, que se volvían más malvados a cada acto benigno que se les hacía».

Además, con su comentario, «si como hombre batallé en Efeso contra fieras», Pablo no puede indicar al platero Demetrio, ni la estúpida masa que le atacó en el teatro (Hch. 19:23-24). Porque Pablo había escrito ya su primera carta a Corinto en Efeso (1.ª Co. 16:8), carta que fue escrita unas semanas *antes* de Pentecostés, en una situación en que al parecer no había habido disturbios en su obra. Pero, según el relato de Hechos (20:1), inmediatamente después del tumulto dejó Efeso, de modo que no hubo tiempo para escribir una carta tan larga y sesuda como la primera a los corintios.

Por tanto, esta carta tiene que haber sido escrita antes, y esta referencia a luchar con fieras ha de ser de alguna experiencia previa. El pasaje puede entenderse si se trata de algún ataque aislado que no conocemos, o el deseo de indicar, en general, que por todas partes había enemigos rabiosos que le rodeaban, de modo que su vida estaba bajo riesgo continuo por amor a Cristo. Pero, todo esto lo había sufrido sólo en vista de la resurrección y el perfeccionamiento, el triunfo de la obra de Cristo y la gloria del mundo venidero. Por tanto, sólo la fe en la resurrección le daba la fuerza para dedicarse tan plenamente a su Señor y Redentor.

El anfiteatro y el mundo que le rodeaba nos explican estas expresiones de Pablo. Asimismo, en los veinticinco nombres de hermanos y hermanas de la iglesia de Roma que hallamos en la salutación del apóstol al terminar la epístola a los

Romanos, no nos equivocaremos si pensamos que muchos de ellos terminaron su vida en la arena. La persecución de los cristianos bajo Nerón (64 d.C.) estalló sólo unos pocos años después de haber sido escrito esta carta a los romanos. Siempre son los fieles los que son perseguidos, de modo que podemos considerar que no pocos pasaron a mártires por Cristo, aquellos a quienes Pablo describe aquí como «colaboradores en Cristo Jesús... amados en el Señor... compañeros de prisiones... aprobados en Cristo... que trabajaron mucho por el Señor» (Ro. 16:3, 5, 7, 8, 9, 10, 12). Sobre Romanos 16 parece vislumbrarse el resplandor del incendio de Roma y la lumbre que desprendían las antorchas humanas que iluminaban de noche los jardines del palacio del emperador y el Circo de Nerón.

Pero, no olvidemos que el testimonio del mártir de la Iglesia de los primeros siglos no habría sido bastante vigoroso para llegar a la muerte, si ellos, antes no hubieran vivido vidas de consagración. Nunca habrían podido morir y vencer en la arena de los anfiteatros si no hubieran sido capaces de mantenerse firmes en la arena y la palestra de la fe.

Sólo aquel que se muestra fiel en las pruebas prácticas diarias puede resistir en las grandes pruebas de las situaciones especiales. Sólo el que vence en lo corriente puede vencer en lo especial. Sólo el que es fiel en lo poco puede ser fiel en lo mucho (Lc. 16:10). Pero el tal tendrá la bendita experiencia de que: «como tus días serán tus fuerzas» (Dt. 33:25). A los fieles el Señor les concederá accesos especiales de Su fuerza en circunstancias especiales. La fidelidad y la devoción son requisitos previos para los dones y bendiciones divinas.

Por tanto, no despreciemos lo común. No menospreciemos la necesidad de vencer las pequeñas pruebas. La mera admiración y el entusiasmo por aquellos heroicos mártires no nos sirve de mucho hoy. Debemos admirar a los héroes para ser los seguidores prácticos de su fidelidad y devoción a Cristo. La fe en la victoria final implica la responsabilidad de vivir victoriosamente hoy. El heroísmo de los testigos de Cristo en la arena de los circos y los anfiteatros debe estimularnos a la abnegación, la resistencia, el avanzar firmes hacia nuestros objetivos en la palestra de la fe. Esta es la razón por la que hemos ofrecido todos estos detalles. Con ellos podemos entender mejor sus circunstancias. Pero nos empujan a ser nosotros los que corramos la carrera, a luchar y dar testimonio como ellos para ser participantes de su victoria. «Por tanto, nosotros también, teniendo en derredor nuestro tan gran nube de testigos, despojémonos de todo peso y del pecado que nos asedia, y corramos con paciencia la carrera que tenemos por delante» (He. 12:1). Consagremos nuestra vida al Señor. Sigamos adelante en la carrera de la fe (He. 6:1).

7. La Cruz en el Coliseo. Hace unos años estuve en el Coliseo. Se halla en el sitio ocupado antes por la Casa Dorada *(Domus Aurea)* de Nerón, que era un inmenso palacio compuesto de muchos edificios, jardines, surtidores y lagos, con las salas adornadas de oro, mármol y marfil. Esta fue una escena principal de la persecución de los cristianos, donde, poco después de los tiempos de Pablo, perecieron de muertes espantosas. Quince años después de Nerón los emperadores Vespasiano y Tito, de la familia Flavia, construyeron en gran anfiteatro Flavio, el mayor ejemplo de construcción romana. El nombre de Coliseo le fue dado en la Edad Media debido a la cercanía de una estatua colosal de Nerón. Se halla en parte en ruinas y de noche se destaca en el horizonte como un espectro. Se pueden reconocer todavía las paredes más importantes, hileras de asientos y puertas. Entramos en la logia imperial desde donde se obtiene una vista impresionante. Vimos los asientos de las vestales y los recintos en que se conservaban los animales feroces o raros. A la izquierda hay el gran arco de la Puerta de los Vivos *(Porta Sanavivaria,* puerta de la salud y la vida) por la que pasaban los gladiadores y los mártires al dirigirse a la arena. Al lado opuesto hay la Puerta Libertina, la diosa de los cadáveres, por la que pasaban arrastrados los cuerpos de los luchadores caídos y de los mártires. La sangre de los mártires fluyó en verdaderos arroyos en los dos siglos que siguieron a los apóstoles. El pequeño grupo indefenso de creyentes parecían destinados a la destrucción. ¡Cuán pequeño se ve uno al recordar a estos héroes, sin los cuales no poseeríamos hoy el evangelio!

¿Qué vemos en el mismo centro de la arena, directamente delante de la logia del emperador? ¡Una cruz! Hacia el año 1300 se erigió aquí una cruz en la memoria de los mártires. Con los años desapareció. En el año 1927 fue erigida otra vez por el gobierno italiano, con la significativa inscripción a su base: *«Ave crux, spes unica»*, esto es: «¡Salve, oh cruz, la única esperanza!»

¡Una cruz en el Coliseo! Exactamente donde a causa de su testimonio del Crucificado sufrían sangrienta muerte Sus seguidores hay ahora erigida una cruz, dando testimonio con su poderosa inscripción. Los asientos de los que se burlaban de ellos se hallan en ruinas. En el lugar en que murieron los testigos de Dios se halla la señal de su triunfo, una cruz victoriosa. Cada vez que he estado en el Coliseo me he parado delante de ella para meditar.

Antes de llegar al Coliseo pasé por el Foro Romano, la espléndida plaza-mercado de la antigua Roma. Vi los templos de los dioses, los atrios, los arcos triunfales... ¡todo en ruinas! Anduve por la *Via Sacra*, la calle sagrada de las procesiones y los desfiles triunfales, hoy también en ruinas. Esto era el centro de un imperio y fue luego olvidado y cubierto por matorrales, usado para apacentar vacas, como lo muestra el que en la Edad Media se le llamara *Campo Vaccino* (campo de vacas).

Pero, los que siguen las huellas de los perseguidos son los vencedores. La fe de Cristo es más fuerte que el odio de Sus enemigos. La cruz, símbolo de Su sufrimiento, lo es ahora de Su triunfo. ¿Cómo pueden hallarse en ruinas los palacios de los emperadores, y permanecer de pie las iglesias?

Es porque Cristo, el Crucificado, es también el que resucitó: porque en Su templo, la iglesia mora el verdadero Dios; porque su casa, aunque sencilla exteriormente es la morada del Eterno.

Esto lo testifica la historia y lo testificará la eternidad; de esto da testimonio la cruz del Coliseo:

¡Salve, oh Cruz, la única esperanza!

De esta confianza en la victoria podemos sacar nuevo incentivo para apresurarnos gozosos hacia el objetivo final.

Habiendo triunfado Cristo, nosotros también venceremos. Su cruz es señal de victoria, de deber y de promesa a todos los que creen en El. Por tanto, la fe en El es a la vez esperanza y seguridad, y mirando a El podemos correr con firmeza la carrera de la fe.

II. EL CARACTER RELIGIOSO DE LOS DEPORTES Y JUEGOS ATLETICOS PAGANOS

Las luchas y competiciones en los anfiteatros y circos romanos, como los deportes de los griegos, estaban íntimamente relacionados con la fe en los dioses paganos. Ambos se celebraban en honor de sus dioses.

1. **La gimnasia como parte del culto pagano en la vida de los griegos y romanos.** Los juegos Olímpicos, como vimos, eran en honor a Júpiter; los Istmicos, en honor de Neptuno; los Pitios, de Apolo.

Las coronas de los vencedores correspondían: el olivo, árbol sagrado para Júpiter, coronaba al vencedor de Olimpia. El laurel, sagrado para Apolo, al vencedor de Delfos. La victoria de los juegos Istmicos era coronada con una rama de una variedad de pino, árbol sagrado para Neptuno, o sea, Poseidón.

Con ocasión de las competiciones, en Olimpia, se celebraban procesiones religiosas. Se ofrecían sacrificios por parte de los representantes del Estado y los vencedores. Todo el distrito de Elis, alrededor de Olimpia era sagrado para Zeus. El bosquecillo y el templo pertenecían exclusivamente a los dioses.

El objeto central de Olimpia era el gran altar de Júpiter. Estaba erigido sobre una gran base de piedra. Estaban depositados allí huesos de animales sacrificados mezclados con agua del río Alfeo. Se ofrecían sacrificios a Zeus allí diariamente. Al sudoeste del altar se hallaba el Olimpius, el famoso templo a Júpiter Olímpico, construido alrededor de 450 a.C. En el patio interior había la estatua colosal de Júpiter (o Zeus) ya mencionada.

Los romanos celebraban también juegos en honor de otros dioses, especialmente Juno, Minerva, Diana, Plutón y Proserpina, así como en honor de Flora (la diosa de la Primavera), y a la Gran Madre Siria (Magna Mater), cuyo símbolo, un meteoro caído del cielo, fue llegado a Roma en 205 a.C. y pronto recibió grandes honores.

Algunos días antes de los juegos y competiciones los participantes se preparaban con oraciones, sacrificios y adornaban los altares.

2. Procesiones religiosas antes del comienzo de los combates atléticos romanos. Había con frecuencia un desfile antes de los juegos. En los juegos circenses de Roma, con el sonido de las trompetas y flautas, seguía este desfile por el Capitolio, a través del Foro, por medio de la ciudad hasta el Circo Máximo. El magistrado que presidía dirigía la procesión, seguido por las estatuas de los dioses en carros magníficos. Las estatuas pequeñas eran llevadas a hombros. Luego venían los luchadores designados, caballos, carros (de dos o cuatro caballos), sacerdotes, víctimas para el sacrificio, danzantes, tañedores de flauta y arpistas. En el Circo Máximo era ofrecido un sacrificio. Luego empezaba los juegos propiamente dichos, especialmente carreras, pugilatos, luchas y carreras de caballos y de carros. Todo se asociaba con la dedicación religiosa pagana. Al fin de la República, cuando esta forma de religión cayó en desuso, su forma externa eran los juegos, que se celebraban cada vez con mayor esplendor y gloria.

3. Introducción de los Juegos Helenísticos en Jerusalén. Debido a la conjunción de competiciones atléticas y religión, especialmente a partir del siglo segundo antes de Cristo, los vencedores greco romanos decidieron quebrantar la fuerza religiosa del judaísmo por medio de la introducción obligatoria de estos juegos en Palestina. Especialmente desde el período de Antíoco Epífanes (175-164 a.C.), hubo entre los judíos un partido que deseaba eliminar las marcadas diferencias entre ellos y los paganos. El gran sacerdote Jasón se esforzó en esta dirección sin resultado. Hubo sacerdotes que abandonaron el altar, descuidaron los sacrificios y acudieron a la arena para contemplar los juegos (2.ª Macab. 4:9 ss.). Esto levantó olas de horror entre los judíos fieles a Jehová. Hubo mucha lucha y controversia a causa de estos juegos en Jerusalén, pero, a pesar de ello, los juegos no hicieron grandes avances, especialmente bajo la influencia del rey Herodes. Este los favoreció, ya que pertenecía al helenismo. Hizo construir espléndidos anfiteatros e hipódromos en Cesarea y en Jericó, nos narra Josefo. Ordenó que cada cuatro años se celebrara un gran festival deportivo que debería ser en honor del emperador Augusto. A causa de ello es natural que el conocimiento acerca de lo que eran los juegos de los griegos y romanos se hallara extendido entre los judíos.

4. Los escritores del Nuevo Testamento y su conocimiento detallado de los juegos y de la vida deportiva de los griegos y romanos. En el Nuevo Testamento, especialmente en los escritos de Pablo, Juan y el autor de los Hebreos, se hallan alusiones esenciales a los juegos griegos. En una ocasión Pablo emplea incluso una expresión deportiva técnica: *hypopiazo*, «dar un golpe al contrincante bajo el ojo con el puño» (1.ª Co. 9:27).

Pero los primitivos cristianos no asistían a los juegos *después* de su conversión a Cristo. Incluso *antes* de su conversión la visita a estos festivales había sido excluida para Pablo, a causa de su filiación farisea. Y Juan pertenecía al «remanente» de Israel que esperaba al Mesías, así que los juegos paganos los tendría como abominación.

Esto se explica por el carácter religioso de los juegos, como vimos. Los combatientes eran considerados como favoritos de los dioses. Incluso Filo, de Alejandría, el famoso contemporáneo de Cristo y de los apóstoles, dice que asistió una sola vez a los juegos, a pesar de que trató de combinar el pensamiento griego y la fe en Jehová.

Por tanto, los cristianos estaban informados por referencias indirectas, o por el uso generalizado de las expresiones por parte de sus contemporáneos. El hecho de que Pablo apenas se deja escapar alguno de los aspectos de los juegos (y lo mismo otros), para usarlo en lenguaje figurado, nos muestra su deseo de transmitir el mensaje de modo vívido a los oyentes.

III. LAS DIFERENTES CLASES DE JUEGOS MAS IMPORTANTES

1. **Las carreras** *(stadion).* De las diferentes clases de juegos, el Nuevo Testamento menciona tres: carreras, pugilato y lucha. Las carreras son los mencionados con más frecuencia.

Había otros juegos: lanzamiento de disco *(diskobolia),* lanzamiento de jabalina *(akontismos)*; y saltos *(halma).* A veces, los saltos, el lanzamiento de jabalina, el lanzamiento de aros, las carreras y la lucha se hallaban agrupados y formaban la «competición quíntuple» *(pentathlon).* El que ganaba este grupo era honrado de modo especial.

Con la XXV Olimpíada empezaron las carreras de carros, con dos o cuatro caballos. Luego, fueron introducidas las carreras de caballos. Había también una carrera en armadura *(hoplites dromos).* El estadio tenía unos 600 pies (183 metros) de longitud.

En cada uno de estos tres cuadros de la vida atlética presentados en el Nuevo Testamento, hay prominente un punto de vista especial del esfuerzo y de la vida espiritual:

La carrera mira hacia *adelante,* al objetivo celeste, al «premio del supremo llamamiento», en el reinado celeste (Fil. 3:14).

El pugilato indica nuestra oposición al enemigo *en* nosotros. Pablo, por lo menos, lo emplea así: «Golpeo, no como quien golpea al aire, sino que trato severamente *mi cuerpo* y lo pongo en servidumbre» (1.ª Co. 9:26, 27).

La lucha se refiere a nuestro combate con los poderes de las tinieblas *alrededor* y *debajo* nuestro: «No tenemos lucha contra carne y sangre, sino contra principados, contra potestades, contra los dominadores de este mundo de tinieblas, contra huestes espirituales de maldad en las regiones celestes» (Ef. 6:12).

Aunque las tres comparaciones son similares, vemos aquí tres direcciones distintas en el arte de la guerra del cristiano. Las lecciones principales ilustradas por la carrera son:

Todos *pueden* alcanzar el objetivo. Por tanto, según el poder y voluntad de Dios, *tú* también puedes.

Todos deben correr y *apresurarse* con toda su fuerza. *Tú* también.

Todos deben *concentrarse* en su objetivo. No hay que distraerse por cosas pasajeras o externas.

Todos deben *perseverar* para poder ganar. No cabe la fatiga. Por tanto, *tú* debes resistir y proseguir.

Todos deben avanzar *sin pausa*. Nada de detenerse.

Todos deben vigilar que *no tropiecen*. Sólo Cristo puede preservarnos e impedirlo.

Todos deben estar *decididos* a ganar el más alto y noble premio, no los premios pequeños. *Tú* también.

De esta manera, nos será facilitada la entrada en el reino eterno de nuestro Señor Jesucristo (2.ª P. 1:11). Así nos será entregado el galardón del vencedor, en el día del juicio ante Cristo, el divino Arbitro (2.ª Ti. 4:8; 2.ª Co. 5:10).

Se concibe que este cuadro de una carrera se adapta a representar las verdades esenciales cristianas de la santificación y de la lucha de la fe, y por tanto el Nuevo Testamento la usa con predilección: (1.ª Co. 9:24; Fil. 3:14; 2.ª Ti. 4:7; Hch. 20:24; He. 12:1, 2; quizá también Gá. 5:7).

La dirección de los pensamientos de un hombre son siempre un factor decisivo en su personalidad. Su vida entera se centra en la inclinación de su mente. Por tanto, la renovación espiritual del hombre que Cristo efectuará consistirá en mover la voluntad, los pensamientos del corazón, dirigir el alma hacia las cosas celestes y divinas, la eternidad, Cristo mismo.

Cuando el corazón así dirigido se esfuerza por seguir adelante *sin desviarse*, somos tentados a hacerlo, mirando a los lados o atrás. Por ello Pablo dice que, en la batalla de la fe, él corrió como uno que olvidaba lo que quedaba atrás y se extendía hacia la meta, o sea, adelante (Fi. 3:13).

Y de este versículo sale con brillantez un triple lema, en que Pablo aplica la imagen de la carrera con mayor claridad a su vida espiritual que en ninguna otra parte de sus escritos:

La vocación y fuerza del corredor:
entregada por completo *por* Cristo (vv. 4-7).

El ideal y el objetivo interno del corredor:
viviendo sólo *para* Cristo (8-14).

La bendita esperanza del corredor:
el estar para siempre *con* Cristo (20, 21, cp. 14).

«Mas nuestra ciudadanía está en los cielos; de donde también esperamos al Salvador, al Señor Jesucristo (v. 20). Por tanto, «prosigo hacia la meta, para conseguir el premio del supremo llamamiento de Dios, en Cristo Jesús» (v. 14).

2. **Pugilato** *(pux, pugme)*. Esta era una competición dura, en la que los combatientes se daban golpes, especialmente en la cara. Ya en los tiempos de Homero (*c.* 900 a.C.) se ataban las manos con correas, dejando los dedos libres. Más tarde se introdujo el *caestus*, especialmente entre los romanos, que era una correa con puntos metálicos engastados. Podía causar terribles heridas. Por esto había que proteger la cabeza, y las sienes en especial con un gorro de piel o de lana. El combate quedaba decidido cuando uno de los dos levantaba la mano declarándose vencido. El otro dejaba de atacarlo. El pugilato fue introducido en 684 a.C. en los olímpicos.

A veces se unía el pugilato con la lucha. Se le llamaba «lucha total» *(pankration)*. Las manos no llevaban correas, y por tanto era menos peligroso. Esta competición pasó a ser muy admirada por los atletas. Se introdujo en los olímpicos en 644 a.C. Los espartanos no practicaban estas formas de pugilato.

El golpe decisivo era un golpe debajo del ojo *(hup-opiazo, de hupo,* bajo y *ops,* ojo). Es lo que llamamos más o menos un «knock out». Pablo lo usa en 1.ª Corintios 9:27: «Trato severamente mi cuerpo» *(hup-opiazo).* Es decir, «lo golpeo sin compasión. No presto atención a que me duela». No da los golpes al aire ahorrándose él los golpes, sino que se los da a sí mismo, su verdadero enemigo. El cristiano no debe hacer caso de sus deseos, conveniencias o disfrute; si éstos son un obstáculo a su victoria espiritual debe decir: «¡No!» Pablo usa también una figura de carácter deportivo al despedirse de los ancianos de Efeso: «Pero de ninguna manera hago caso, ni estimo preciosa mi vida para mí mismo, con tal que acabe mi carrera con gozo, y el ministerio que recibí del Señor Jesús, para dar solemne testimonio del evangelio de la gracia de Dios» (Hch. 20:24).

Pablo no recomienda el ascetismo o monasticismo. Sino que, como corredor, pone sus músculos a tensión con un solo propósito, el ganar la carrera, la batalla de la santidad, para recibir la corona del Arbitro celestial.

3. **Lucha** *(palé)*. La lucha consistía en el esfuerzo de cada uno de los combatientes para echar al suelo al otro y sujetarlo allí. Cuando describe la armadura del cristiano, Pablo aplica esta figura a nuestro conflicto con los poderes de las tinieblas. Aquí se pasa de lo deportivo a lo militar: «Porque no tenemos lucha contra carne y sangre, sino contra principados...» (Ef. 6:12).

Esta comparación nos muestra cuán sobrio y conforme a la vida real era el mensaje del apóstol. Pablo sabía que no se podía descuidar al enemigo. El que olvida los poderes de las tinieblas pronto será víctima del fanatismo y el fanático está cerca de la derrota. Nos da la sensación de seguridad en nosotros mismos, nos engaña en cuanto al peligro, nos oscurece la visión y debilita nuestra decisión moral. El enemigo, que se da cuenta, nos ataca súbitamente, y pronto siguen las derrotas, incluso pecados de la carne, evidencia del fanatismo y falta de equilibrio.

Por ello Pablo nos dice: no perdáis de vista al enemigo. Permaneced en contacto con él. Luchad contra él. Sujetadlo. Sed luchadores.

Pero, a pesar de todo, no desmayamos porque Cristo está presente. El es más fuerte que el enemigo. Por tanto nos vestimos de toda la armadura de Dios y vencemos. En esta lucha contra los poderes demónicos el enemigo yacerá en el suelo y el triunfo será de Cristo.

IV. LAS REGLAS DE LOS JUEGOS

1. **Calificaciones para entrar en los Juegos Griegos.** Se necesitaban ciertas calificaciones para poder tomar parte. No había admisión para los esclavos, ni para extranjeros, ni

para impíos o criminales. Sólo hombres libres, ciudadanos, y sin reproche. Libertad, ciudadanía, honor. Y, naturalmente, fuerza corporal y práctica.

Para dirigir los juegos había árbitros. Ante éstos tenían que presentarse los aspirantes a combatir.

Antes de la competición era necesario un largo entrenamiento, a veces de diez o más meses. Este se acompañaba de sobriedad en la vida. Además, era obligatorio cierto período de práctica en el gimnasio.

Antes de los juegos se decidía el orden por medio de suertes. Prestaban juramento de comportarse de modo honroso ante la estatua de Júpiter (el Zeus de los griegos).

Entonces el jefe daba la señal de empezar. Aparecía un heraldo y leía las reglas y llamaba a los competidores. Sonaba una trompeta y empezaban las luchas.

Todo esto es simbólico de la guerra del cristiano. Porque, ¿quién puede entrar en la arena o palestra de la fe? ¿Quién puede correr y luchar, para poder vencer? Sólo los que son *libres* del poder del pecado, *ciudadanos* del reino del cielo, y que viven una vida de *justicia* y *rectitud* prácticas.

En 1.ª Corintios Pablo llama la atención al autocontrol y entrenamiento de los competidores griegos. Ve en ello un ejemplo de la necesidad del cristiano para el dominio de sí mismo, la auto-negación. Sin duda, piensa en los Juegos Istmicos: «Todo aquel que lucha, en todo ejercita el dominio propio; ellos, en verdad, para recibir una corona corruptible, pero nosotros, una incorruptible... Trato severamente mi cuerpo y lo pongo en servidumbre» (1.ª Co. 9:25, 27).

Para una vida cristiana victoriosa es necesario la negación propia, el abstenerse de cosas que son legales, por amor a Cristo; el ofrecer sacrificios materiales y espirituales, el decir «no» al yo, para poder decir «sí» al Señor. El que no está preparado para el sacrificio no será honrado con la corona. El que mira a su yo, cuando Cristo vuelva tendrá un gran desengaño. El que se aferra a sus conveniencias, a su mente terrena y a su goce en el pecado y el orgullo se descalifica para la carrera. Sólo así podremos llegar a la meta. Sólo así el Arbitro nos pondrá la corona.

Pablo ve también gran peligro para el predicador del evangelio que es sólo un heraldo, pero que no corre la carrera; que da las reglas para la competición, toca la trompeta llamando a los otros, da la señal de salida, pero no echa a correr. Incluso de él mismo, el apóstol de Cristo, se pregunta si será sólo un proclamador y no un corredor, y por tanto no habrá victoria para él.

Esto debe contestarse con un ¡No! rotundo. ¡Nunca! Por tanto ejerce control de sí mismo, se pone en servidumbre.

¿Tenemos esta misma actitud en la mente y el corazón? El que no pierde su vida por Jesús no puede ganarla (Jn. 12:25; Mt. 16:25). Cristo nunca buscó el favor de las masas (Lc. 9:57-62). Dijo que el discípulo era una batalla severa, que sólo podían seguirla los que consideraban el coste y estaban dispuestos a pagarlo (Lc. 14:26-33). Sin batalla no hay victoria, sin cruz, no hay corona.

2. **Las reglas de los Juegos:** *La pista.* Los combatientes están sujetos a reglas. La misma construcción de la pista para las carreras, incluidas las de caballos y carros, se hacía de forma que hiciera casi imposible transgredir estas reglas. Era necesario evitar que un corredor consiguiera ventaja ilegal acortando las curvas. Por ello se colocaba una pared en ellas. Esta pared era adornada con estatuas, altares y torres. En los extremos había los pilares que mostraban la dirección que había de seguir al correr. En el Circo Máximo la meta era un magnífico obelisco.

A cada extremo había siete delfines o siete vasos *(ova)* y cuando el corredor o auriga llegaba al final de un circuito se quitaba uno, hasta que se quitaban los siete (siete vueltas). Así los espectadores tenían idea de la situación de la competición.

En los juegos circenses de los romanos las carreras de caballos y carros tomaron lugar prominente. El Emperador Augusto añadió carros de seis caballos (a los de dos *(biga)* y cuatro *(cuadriga)*. Generalmente, se daban 25 carreras sucesivamente. En cada una había cuatro equipos. Los aurigas y los carros se distinguían por colores distintos: blanco, rojo, verde y azul. Cada uno tenía sus aficionados o defensores. Se daban a veces escenas violentas. El emperador Domiciano, contemporáneo del apóstol Juan, añadió el dorado y el púrpura; pero parece que esto sólo duró un corto tiempo.[1]

3. Los antiguos obeliscos egipcios del Faraón Ramsés II en el Circo Máximo y en el Circo de Nerón. Hoy el gran obelisco del Circo Máximo se halla en una de las piezas más concurridas de Roma. Procede de Egipto, del Faraón Ramsés II, en el segundo milenio a.C. El emperador Augusto lo trajo de Heliópolis a Roma (10 a.C.). En 1688 fue colocado por el papa Sixto V en la Piazza del Popolo. En la Plaza de San Pedro se halla el obelisco que estaba en el Circo de Nerón. ¡Qué significado tienen estos obeliscos como recuerdo en la historia de la iglesia!

El que doblaba el obelisco siete veces y cruzaba la meta, aunque fuera un paso antes que los otros, se llevaba el premio. Sin embargo, no había atajos: había que seguir *todo* el curso para poder recibir el premio. Esto significa que hay que dedicar la vida sin reservas al Señor. No se pueden esquivar las dificultades incurridas al dar testimonio fiel. No se aceptan las componendas. Siempre devoción perfecta y fiel. Sobriedad, autodominio, renunciar a ganancias y goces si han de ser obstáculo en la carrera. Cristo se dio enteramente por ti: tú debes dedicarte enteramente a El (Jn. 17:19).

La corona llevada por el rey Jorge V en la coronación de su padre en 1902 estaba confeccionada con las plumas de una rara especie de pájaro, se tenía que coger y desplumar cuando estaba vivo ya que al morir las plumas perdían su colorido. Este pájaro frecuenta los lugares en donde viven los tigres y es por eso que su captura involucra mucho peligro. La corona del príncipe de Gales se tardó 20 años en juntar las plumas. Costó las vidas de una docena de cazadores. «¡Qué hermosa parábola de la corona del mártir!» (D. M. Panton). Qué hermosa parábola de las coronas de los

---

1. Al final del siglo III d.C., de las cuatro fiestas circenses conocidas por los colores principales, el rojo y el azul se unieron, asimismo ocurrió con el blanco y el verde. Debido a esto, en la última parte del período romano y bizantino las fiestas fueron conocidas como «azul» y «verde».

que no han amado más a su propia vida, sino que se han consagrado a Cristo su Señor. «Sé fiel hasta la muerte y, yo te daré la corona de la vida» (Ap. 2:10).

«Y también el que lucha como atleta no es coronado si no lucha de acuerdo con las normas» (2.ª Ti. 2:5). Recordemos: «Los que corren en el estadio todos ciertamente corren, pero uno sólo se lleva el premio. Corred de tal manera que lo obstengáis» (1.ª Co. 9:24). «Vayamos adelante hacia la madurez» (He. 6:1).

V. EL PREMIO

1. **Las coronas y regalos para honrar a los vencedores.** El ser vencedor en los juegos era la ambición máxima de entonces. No sólo para el individuo sino para su ciudad de origen.

Al vencedor se le permitía que se erigiera una estatua en el bosquecillo sagrado de Olimpia, y aún en Delfos. Se han descubierto gran número de estas estatuas. Se celebraban banquetes en su honor y los poetas celebraban sus hazañas. Incluso poetas como Pindaro los honraban en cánticos. La corona olímpica era la cumbre de la felicidad humana.

El día de la coronación, el último de los juegos, el nombre del vencedor era proclamado por el heraldo con una gran ceremonia, y lo mismo el de su padre y su ciudad, y se le entregaba una palma.

Los honores seguían cuando el vencedor regresaba a su ciudad nativa (*olympionikes*, cp. *nike*, victoria). Era llevado en un carro en una procesión festiva. Se le erigían estatuas y dedicaban tabletas. Se le daba un sitio de honor en el Concilio de la ciudad y un sitio especial en las fiestas y juegos. Quedaba libre de impuestos y les eran concedidos otros privilegios.

Como se dijo, el premio era una rama de olivo en Olimpia, de laurel en Delfos y de pino en los Juegos Istmicos. Todo ello en medio de gran pompa y solemnidad.

2. **Las listas de los nombres de los vencedores.** Los nombres de los vencedores eran registrados. Había una lista completa de los vencedores de Olimpia y de su origen, se-

gún Eusebio. Cubría 1.000 años, desde 776 a.C. hasta los tiempos del emperador Caracalla (d.C. 211-217).

3. **El Arbitro.** La dirección y las decisiones durante los juegos estaba en las manos de jueces especiales. Estos eran los árbitros y se distinguían por sus vestiduras purpúreas.

Cuando terminaba una carrera y el nombre del vencedor era proclamado por el heraldo, el vencedor aparecía ante el Arbitro y éste le entregaba la corona de victoria. En esto el juez actuaba en nombre del dios en cuyo honor se celebraba el festival.

4. **La famosa estatua de Zeus en Olimpia.** En Olimpia, Zeus (Júpiter), el rey de los dioses, era el juez supremo, por encima de combatientes y jueces. Se ponía al principio de los juegos una corona al pie de su estatua, sobre una mesa adornada. Esta era el «gozo puesto delante de él» a que se refiere en el símil el apóstol. En Hebreos 12:1 se nos exhorta a seguir la carrera «con paciencia», con el ejemplo de «Jesús, el autor y consumador de la fe, el cual por el gozo puesto delante de él soportó la cruz..., y está sentado a la diestra del trono de Dios» (He. 12:1-2).

La estatua era magnífica, hecha de oro y marfil, según se nos refiere, creada por Fidias. Herodoto dice que entró en su ejecución el marfil de más de 300 elefantes. Tenía cuarenta y ocho pies (15,5 metros) de altura, y su expresión era la de autoridad paternal. Estaba adornada con animales y plantas en representación de estos dos reinos naturales. El reino mineral era representado por piedras preciosas. Porque Zeus era el Señor del mundo. Los poetas griegos expresaron su poder en palabras inspiradas, por ejemplo, Aratus de Cilicia y Cleantes de Troas, a quienes Pablo cita en su discurso en el Aerópago: «Porque en él vivimos, y nos movemos, y somos» (Aratus) y «porque somos también linaje suyo» (Cleantes), según puede verse en Hechos 17:28.

5. **Las cinco coronas de victoria mencionadas en el Nuevo Testamento.** Toda esta compleja presentación de una carrera y su terminación es extraordinaria como simil de la carrera espiritual. En la palestra de la fe entran todos los ingredientes que hemos visto: entrenamiento, auto-dominio,

negación propia, los heraldos, las calificaciones, las reglas, las clases de competiciones, Cristo el Arbitro, la aparición del vencedor ante el divino Juez y la distribución de premios. De Su mano el vencedor recibirá la corona y la palma. La lista de vencedores («el libro de vida») y la triunfal entrada en la patria celestial, festivales, dones, honores; nada se escapa de los autores del Nuevo Testamento en su lenguaje figurado.

En el Museo Británico de Londres el autor vio una tableta de un combatiente de Efeso en el siglo II. Dice la inscripción: «Luchó tres veces y fue coronado dos veces». Sin duda estas inscripciones eran conocidas de Pablo cuando al fin de su servicio pasa revista a su «carrera»: «He peleado la buena batalla... he acabado la carrera, he guardado la fe... me está guardada la corona de justicia» (2.ª Ti. 4:7).

Esta corona es «incorruptible» (1.ª Co. 9:25). Cristo es el Arbitro, por lo que la distribución de premios es justa. Sólo los que son fieles hasta la muerte recibirán la corona de la vida (Ap. 2:10).

El premio, para ser exacto, debería ser llamado «guirnalda», no corona. Los fieles recibirán la guirnalda:

El luchador victorioso recibirá la
guirnalda de justicia (2.ª Ti. 4:8).

El corredor incansable recibirá una
guirnalda incorruptible (1.ª Co. 9:25).

El que es fiel hasta la muerte recibirá la
guirnalda de la vida (Ap. 2:10, Stg. 1:12).

El obrero firme recibirá una
guirnalda de honor (1.ª Ts. 2:19; Fil. 4:1).

El ejemplo de la grey recibirá una
guirnalda de gloria (1.ª P. 5:3, 4).

A veces se pasa del terreno atlético al militar. Lo vemos en Efesios 6, en que Pablo habla de la armadura del cristiano y hace comparaciones de tipo militar (vv. 10-20), pero en el versículo 12 habla de «luchar» *(palé)* del mundo atlético. «Porque no tenemos lucha contra sangre y carne, sino contra principados, contra potestades, contra los dominadores de este mundo de tinieblas.» Los militares romanos recibían también condecoraciones en forma de guirnaldas por hechos heroicos variados.

En la 1.ª Epístola de Pedro el cuadro de la «guirnalda de gloria» procede de la vida rural. Dice a los ancianos de la iglesia que deben entregarse a un servicio abnegado como pastores. Llama a Cristo el «Príncipe de los pastores». Cuando Cristo aparezca dará como galardón «una corona incorruptible de gloria» (1.ª P. 5:4). Esta corona no se marchita. También aquí, en el original, el término *stephanos* significa guirnalda, no «corona». Se ve esto, no sólo por el contexto («pastores», «grey») que sin duda señala a la vida rural, sino también por la frase «que nunca se ha de marchitar» (versión Nueva Versión Internacional). Ninguna corona de metal se puede marchitar, sólo los hacen las guirnaldas de flores, hojas o ramitas. El cuadro que da el apóstol Pedro no es el de una diadema de oro o joyas, sino de una simple guirnalda, viva, hermosa, conservando su frescura para siempre.

6. **La Piedra Blanca en la referencia a la iglesia de Pérgamo.** Hay otra referencia atlética en la promesa que da a los que vencen, en la iglesia de Pérgamo: «Al que venza... le daré una piedrecita blanca, e inscrito en la piedrecita un nombre nuevo, el cual ninguno conoce sino el que lo recibe» (Ap. 2:17).

Se pueden dar dos explicaciones para esta promesa.

La una se refiere a la costumbre legal en los altos tribunales romanos en la ciudad de Pérgamo. Los jueces que querían condenar al acusado colocaban una piedrecita negra en una urna; los que querían absolverlo, blanca. Esto, pues, equivale a decir: «Cristianos de Pérgamo, habéis sufrido reproches y desprecios. El mundo os condena, pero yo, el Juez del universo, me declaro *por* vosotros. Os entrego una piedrecita blanca. ¡El Juez Supremo está a vuestro lado!» O, como dice Pablo. «Si Dios es por nosotros, ¿quién contra nosotros?» (Ro. 8:31).

La dificultad de esta explicación es que en las piedrecitas legales romanas no se inscribían nombres. Simplemente eran piedrecitas lisas, blancas o negras, o pequeñas tablillas de barro, oscuras o claras. Pero la promesa tiene que ver con una piedrecita sobre la cual se escribe un *nombre*, el nombre del *vencedor*. Además, esta piedrecita no fue puesta en la urna, sino *dada personalmente al vencedor* y esto en el gran día venidero de gloria.

La otra explicación, probablemente cierta, es la de que a los vencedores de los juegos griegos con frecuencia se les hacían premios, no sólo de guirnaldas de oliva o laurel sino también objetos de valor y regalos de oro; a veces los regalos eran de por vida. Así, Plutarco dice que Solón, el legislador de Atenas del siglo IV, había ordenado se entregaran 100 dracmas. Esto hacía necesario que se diera al vencedor un certificado de su victoria, que era una piedra o tableta inscrita con su nombre. La semejanza con el caso de Pérgamo es notoria: hay la piedrecita blanca, el nombre inscrito y es entregada al vencedor en un futuro día de gloria, cuando entre en su hogar eterno. El vencedor es reconocido por el Señor. El que era antes aborrecido ahora será premiado.

Y el nombre nuevo dado al creyente, antes despreciado, será ahora un *nuevo* nombre, un timbre de gloria y honor, como corresponde a su triunfo. «Entonces verán las gentes tu justicia, y todos los reyes tu gloria; y te será puesto un nombre nuevo, que la boca de Jehová señalará. Y serás corona de adorno en la mano de Jehová, y diadema real en la mano de tu Dios... porque Jehová tiene su deleite en ti» (Is. 62:2-4; 65:15).

La ley básica de la individualidad se manifestará plenamente en la gloria. Cada uno tiene su vocación distinta, su relación especial con Cristo. No habrá extinción de la personalidad, no habrá sumergirse en una masa. Dios quiere conservar el carácter; cada uno tendrá su relación con Dios en términos de «tú-yo». En el reino orgánico de Dios, frente al «nosotros» hay el santo «Yo» transfigurado del Ser Supremo. Cada uno, pues, le alabará según su particular relación de amor.

7. **El peligro de ser descalificado.** Recordemos que la entrada en la carrera no garantiza el premio. La guirnalda se entrega al terminar la carrera, no al principio. Se da a los que han observado las reglas y han triunfado.

Sin duda, la salvación y la vida eterna son dones gratuitos concedidos por Dios a base de la fe en el sacrificio del Gólgota. Pero el grado de gloria, la guirnalda de victoria, está de acuerdo con la fidelidad del creyente. La Escritura nos advierte con solemnidad: «Retén lo que tienes, que nadie tome tu corona» (Ap. 3:11). «El que lucha como atleta no es coronado si no lucha de acuerdo con las normas» (2.ª Ti. 2:5). Por tanto, tomemos en serio las siguientes preguntas que nos presenta un hombre de Dios, hoy, respecto a las cinco guirnaldas o coronas de que habla el Nuevo Testamento para el vencedor.

La guirnalda de incorrupción

...en el estadio, todos ciertamente corren, pero *uno* sólo se lleva el premio... ellos... reciben una corona [guirnalda] corruptible, pero nosotros, una incorruptible. (1.ª Co. 9:24, 25.)

¿Puede ser coronado el corredor que cesó de correr?

La guirnalda de gozo

Porque ¿cuál es nuestra esperanza, o gozo, o corona [guirnalda] de que me gloríe? ¿No lo sois vosotros, delante de nuestro Señor Jesucristo, en su venida? (1.ª Ts. 2:19.)

¿Puede ser coronado por dirigir o enseñar justicia a muchos (ver Dn. 12:3) *el que no enseñó a ninguno?*

La guirnalda de gloria

Ruego a los ancianos que están entre vosotros... pastoread la grey de Dios... y cuando aparezca el Príncipe de los pastores, recibiréis la corona [guirnalda] incorruptible de gloria. (1.ª P. 5:1-4.)

¿Puede ser premiado un discípulo por haber pastoreado la grey de Dios si no lo hizo nunca?

La guirnalda de justicia

He guardado la fe. *Por lo demás*, me está guardada la corona [guirnalda] de justicia... no sólo a mí, sino también a todos los que *aman su venida*. (2.ª Ti. 4:7, 8.)

¿Puede recibir una guirnalda por velar el que nunca lo ha hecho?

La guirnalda de vida

Dichoso el varón que soporta la tentación; porque *cuando haya resistido la prueba*, recibirá la corona [guirnalda] de la vida. (Stg. 1:12.)
¿Puede recibir una guirnalda por resistir la tentación el que ha sucumbido a ella?

«Cuando Carlos fue ordenado rey de Rumania en 1881, un reino fundado entonces, no había corona, por lo que ordenó que se fundiera una de hierro de los mismos cañones capturados, como ejemplo de que había sido ganada en el campo de batalla y comprada con el precio de la vida de muchos» (D. M. Panton).

8. **La Gloria celestial.** Cristo concederá a los vencedores la gloria eterna. Verán al rey en Su hermosura. Reinarán con El para siempre. Le adornarán y le serán sacerdotes en Su santuario. Irradiarán resplandor como estrellas en el firmamento del Padre.

En cuanto a la *majestad de Dios*,
  Su porción será la santa *adoración*.
En cuanto a la *naturaleza* de Dios,
  Su *imagen* será revelada perfectamente en ellos.
En cuanto a la *vida* de Dios,
  Su *filiación* será manifestada en Su gloria.
En cuanto a la *creación* de Dios,
  Regirán el universo para siempre.

«Al que venza, le daré que se siente conmigo en mi trono, así como yo he vencido, y me he sentado con mi Padre en Su trono» (Ap. 3:21).
Este es el resumen total del premio del vencedor. «Una herencia incontaminada e inmarcesible, reservada en los cielos» (1.ª P. 1:4). En tanto que vivimos aquí en debilidad e imperfección: «No se ha manifestado todavía lo que hemos de ser.» Pero «sabemos que cuando él se manifieste,

seremos semejantes a él, porque le veremos tal como él es»
(1.ª Jn. 3:2). Y «cuando Cristo, nuestra vida, se manifieste, entonces vosotros también seréis manifestados con él en gloria»
(Col. 3:4). «Así que, amados, puesto que tenemos estas promesas, limpiémonos de toda contaminación de carne y de
espíritu, perfeccionando la santidad en el temor de Dios»
(2.ª Co. 7:1). «Y todo aquel que tiene esta esperanza puesta
en él, se purifica a sí mismo, así como él es puro» (1.ª Jn.
3:3).

4

La carrera que tenemos por delante

Por tanto, nosotros también, teniendo en derredor nuestro tan gran nube de testigos, despojémonos de todo peso y del pecado que nos asedia, y corramos con paciencia la carrera que tenemos por delante, puesto los ojos en Jesús, el autor y consumador de la fe, el cual por el gozo puesto delante de él soportó la cruz, menospreciando el oprobio, y está sentado a la diestra del trono de Dios. Considerar, pues, aquel que ha soportado tal contradicción de pecadores contra sí mismo, para que no desfallezcáis falto de ánimo. (Hebreos 12:1.)

EL EVANGELIO está lleno de vida. Su fuente es el Dios vivo. Su mediador es Cristo, el Resucitado. Su poder es el Espíritu de Dios, «el Espíritu que da vida».

Por esta razón la salvación de Dios no es algo que sólo fue completado en el pasado, algo que sucedió en un momento histórico, sino algo que es un proceso continuo. No se recibe como un regalo una vez para siempre, sino que nos es dada de forma que vamos recibiendo continuamente algo más. Cada gracia es una acción dinámica vital que Dios nos da en Cristo por medio del Espíritu Santo. No es nada estático sino dinámico. No hay un estarse quieto, parado, sino un avanzar, ir hacia adelante, sin mirar atrás, esforzándose hacia el objetivo. Todo está vivo y activo, un obrar espiritual, un movimiento santo, pulsátil y animado por «ondas» producidas por los poderes celestiales puestos en marcha por el Espíritu.

Los bienes de Dios no son como un ancla que mantiene firme al barco, sino como la vela del mismo, contra la cual sopla el viento del Espíritu, que con magnífico ímpetu hace progresar el navío.

I. LA «DESIGNACION» DE LA CARRERA

El autor de Hebreos dice que debemos correr con paciencia la carrera «que tenemos por delante» (Heb. 12:1). Esto significa que la carrera se extiende visible ante nosotros en el tiempo, o si se quiere, en el espacio. Lo que se quiere decir es algo dinámico. La carrera *(agon)* está puesta delante de nosotros como nuestra *tarea*. Es nuestro deber el correr. La carrera ha sido designada por Dios. La frase *Prokeitai agon* («la batalla está adelante») era la expresión griega con que el pregonero público anunciaba la carrera así como las reglas y el premio.

No se puede separar la propia vida de fe personal del hecho de ser un corredor, en una carrera. Dios ha indicado que debes correr. La verdadera santificación puede ser experimentada sólo en una vida de esfuerzo dinámico engendrado por el Espíritu, y este esfuerzo implica todo nuestro ser: espíritu, alma y cuerpo. El que no quiere correr en la carrera ya ha renunciado desde el principio al premio de la victoria. Y como Satanás, el gran adversario, nunca admite la derrota, hasta que sea aplastado finalmente (Ap. 20:10), la batalla y la carrera irán continuando activas hasta que nosotros hayamos alcanzado nuestro objetivo y meta.

Esto significa que hay que tomar esta responsabilidad personal muy en serio. Hay que contar con la fe, confiando en el poder victorioso de Cristo el Salvador. Pero, por otra parte, no hay que perder de vista la realidad del enemigo. Hay que sospesar la potencia paralizante que procede de él. Hay que concentrarse en el objetivo. Vivir en la santa energía de una vida consagrada. No podemos estar nunca en paz con el pecado. No olvidemos nunca que la vida de fe significa correr una carrera. Recordemos: «El que lucha como atleta, no es coronado si no lucha de acuerdo con las normas» (2.ª Ti. 2:5). El nuevo nacimiento no es un poste final sino un principio. Si quieres llegar a la meta tienes que *correr*.

La carrera es un asunto serio. Los demonios nos circundan. Los poderes de las tinieblas nos bloquean el camino. No sólo están alrededor nuestro sino que procuran maniobrarnos (Ef. 6:12). No nos tengamos, pues, compasión. Pongamos nuestros cuerpos bajo servidumbre (1.ª Co. 9:27). Controlemos nuestras almas y concentremos y fijemos nuestros ojos espirituales en Jesucristo. Sólo el que se esfuerza será coronado. Sólo el vencedor será exaltado. Cristo mismo dice: «Al que *venza*, le daré que se siente conmigo en mi trono» (Ap. 3:21).

¿Cuál es la razón básica de esta carrera? La respuesta es como sigue:

1. **Hemos de luchar porque todo el universo se halla envuelto en una tremenda conflagración.** La mayor batalla de los siglos, la batalla entre Dios y Satanás; y porque, según el testimonio de las Escrituras, la batalla central se desarrolla en nuestra tierra, la habitación de la humanidad, y en ella *se llegará* a una decisión. Este es el *fondo cosmológico y suprahistórico* de nuestro conflicto.

2. **Hemos de luchar porque, aunque Cristo con Su muerte y Su resurrección ha ganado ya la victoria fundamental, históricamente las consecuencias y corolarios de esta victoria todavía tienen que ser afirmados.** Así que, en el desarrollo del plan redentor divino, nuestra presente dispensación se halla en tensión entre lo escondido del reino de Dios y lo abierto del mando de Satanás. Este es el *fondo dispensacional* de la situación de nuestra batalla.

3. **Hemos de luchar porque corresponde de modo necesario al carácter humano y divino del reino de Dios el que a la criatura se le permita libertad de elección.** De modo que, el que ha sido llamado tiene que decidir no sólo al convertirse a qué amo va a servir, sino que tiene que seguir ha-

ciendo esta decisión cada día y en cada detalle práctico de su vida de santificación. Este es el *fondo moral y dinámico* del conflicto.

Por estas tres principales razones decimos que la carrera o lucha ha sido designada por Dios.

II. LA ACTITUD NECESARIA PARA ALCANZAR EL OBJETIVO

¿Qué actitud mental hemos de adoptar si queremos ganar la carrera? Un poeta ha dicho certeramente:

> *No basta con luchar,*
> *¡Hay que vencer para alcanzar el trono!*

Para vencer es necesaria una actitud espiritual bien clara. El autor de Hebreos nos da estos cuatro puntos de vista principales:

1. **Mirar al Vencedor.** El que quiere vencer tiene que mirar a Cristo. «Miremos a Jesús.» La batalla luchada en el Gólgota es también un ejemplo para nuestra propia batalla. Su victoria es el fundamento de nuestras mentes. Lo notable acerca de la batalla de la fe es que en realidad no tenemos que *esforzarnos* para alcanzar la victoria pues ya la *poseemos*. Es la victoria de Cristo, el Precursor, el Vencedor. Por tanto, no debemos luchar para conseguir la victoria sino luchar *por causa* de la victoria que El ha ganado. Por ello podemos vivir de Su plenitud. Cristo nos abrió la eterna fuente de Sus riquezas. El gozo en El es nuestra fuerza para vencer. Tal como exclamó una mujer procedente del interior de Alemania, cuando vio por primera vez el mar, durante el período de escasez y racionamientos extremos: «¡Por fin he visto algo que no van a racionar!»

Quizá sonreímos al oírlo. Y, sin embargo, podemos comprenderlo. Las reservas celestiales son inmensamente superiores y están a disposición de Sus hijos. Hay aquí una plenitud que excede las medidas terrenas, que no hay que distribuir en pequeñas raciones. Podemos gozar, como hijos de un Rey, de toda esta abundancia de riquezas espirituales. El Padre es un Dador generoso, regio, de Sus bendiciones.

En una convención evangélica en el norte de Inglaterra oí un mensaje acerca de la plenitud que tenemos en Cristo a causa de Sus «riquezas inescrutables» y Sus bendiciones celestiales (Ef. 3:8), y de Cristo mismo, como «don inefable» de Dios (2.ª Co. 9:15), que nunca olvidaré. Se nos indicaron dos palabras muy significativas de la carta a los Efesios: «conforme a». «Por esta causa doblo mis rodillas ante el Padre... para que os dé *conforme a* las riquezas de su gloria, el ser vigorizados con poder en el hombre interior por medio de su Espíritu» (Ef. 3:14, 16). Y luego dijo: «La expresión *"conforme a* las riquezas de su gloria"* implica mucho más que si el autor hubiera dicho *"de* las riquezas de su gloria".» Si un millonario hace limosna a un mendigo le da «de las riquezas que posee», pero no le da «conforme a sus riquezas», pues, en este caso la dádiva tendría que ser espléndida.

¿Cómo obra Dios? ¿Nos da «de» Sus riquezas: un poco hoy, otro poco mañana, la respuesta a alguna oración de vez en cuando? ¡No! Nos da «conforme a» Sus riquezas. Su norma no es nuestra necesidad diaria —lo que ya sería mucho—, sino que el criterio es darnos bendiciones «conforme a» Su plenitud.

Es por esto que una de las experiencias favoritas de Pablo es «abundar». Habla de abundar en la fe (2.ª Co. 8:7), de abundar en amor (2.ª Ts. 1:3), abundar en generosidad (2.ª Co. 8:7), abundar en esperanza (Ro. 15:13).

Otra palabra que usa mucho es *huper* (super). El apóstol tiene tendencia a hacer palabras con «super» hasta el punto de que ésta es una marca de su estilo. Combina la palabra «super» con otras 19 de un modo exclusivo en el Nuevo Testamento, y aún usa otras cuatro cominaciones con otros autores. Quedan otras 6 combinaciones de otros autores que él no usa, en un total de 29, en el Nuevo Testamento. Así, habla de:

un «*super*» crecimiento en la fe (2.ª Ts. 1:3)[1]
una «*super*» victoria (Ro. 8:37)[2]

---

1. *hyper*-auxanei he pistis.
2. *hyper*-nikomen.

una «*super*» abundancia de gracia (2.ª Co. 9:14)[3]
una «*super*» plenitud de riquezas (Ef. 2:7)[4]
una «*super*» abundancia de Su poder (Ef. 1:19)[5]
una «*super*» abundante gloria (2.ª Co. 3:10).[6]

Habla también de:

un conocimiento de «*super*» abundante amor de Cristo (Ef. 3:19)[7]
una paz en Cristo que «*super*» excede todo conocimiento (Fil. 4:7)[8]
un «*super*» excelente gozo incluso en la tribulación (2.ª Co. 7:4).[9]

El fundamento de todo esto es, sin embargo:

una «*super*» exaltación de Jesús (Fil. 2:9)[10]
una «*super*» abundante presencia de gracia (1.ª Ti. 1:14)[11]
la «*super*» abundante gracia donde antes había abundado el pecado (Ro. 5:20).[12]

En el original griego se usa en cada una de estas expresiones el prefijo «super» *(hyper)*, aunque en las traducciones se usen otras palabras sin el prefijo.

«Así que, hermanos míos amados, sed firmes y constantes, abundando en la obra del Señor siempre, sabiendo que vuestro trabajo en el Señor no es en vano» (1.ª Co. 15:58).

El versículo 8 de 2.ª Corintios 9 es extraordinario: «Y poderoso es Dios para hacer que abunde en vosotros *toda* gracia, a fin de que, teniendo *siempre* en *todas* las cosas *todo*

---

3. dia ten *hyper*-ballousan charin.
4. *hyper*-ballon ploutos.
5. *hyper*-ballon megethos tes dynameos.
6. heineken tes *hyper*-ballouses doxes.
7. ten *hyper*-ballousan tes gnoseos agapen tou Christou.
8. he eirene... he *hyper*-echousa panta noun.
9. *hyper*-perisseumai te chara.
10. ho theos auton *hyper*-hypsosen.
11. *hyper*-pleonasen de he charis.
12. *hyper*-perisseusen he charis.

lo suficiente, abundéis para *toda* buena obra.» Es difícil dar una mayor impresión de plenitud en tres o cuatro líneas.

Cristo nos da no ya una medida llena, sino una medida superabundante de Su suficiencia divina. Por tanto, no debemos preocuparnos con nuestra miseria en la vida diaria, sino que tenemos el derecho de considerarnos más que vencedores con El, «super» vencedores, como en realidad nos dice en Romanos 8:37.

En la bendición de la segunda oración en la carta a los Efesios, el apóstol combina estas dos expresiones favoritas, «abundar» y «super», y así forma una nueva palabra que *refuerza* luego con otra (en griego *ek*): «Y a Aquel que es poderoso para hacer todas las cosas *mucho más abundantes* de lo que pedimos o pensamos, según el poder que actúa en nosotros, a él sea la gloria en la iglesia y en Cristo Jesús, por todas las edades, por los siglos de los siglos. Amén» (Ef. 3:20). El significado es, pues, «mucho más allá de toda medida posible».

Dios no sólo quiere que nuestro vaso de vida rebose, sino que ni aun rebosar es suficiente: «más que rebosar» es lo que El quiere. Esta es nuestra clase de redención en Cristo.

Y ahora, lector, pon tu experiencia junto a estas posibilidades. ¿No nos avergonzamos de haber bebido tan poco de estas fuentes? Como mendigos vamos pidiendo aquello que nuestro benefactor nos está entregando a manos llenas. Nos quejamos de nuestra miseria y no extendemos las manos para recoger. Con todo, seguimos pidiendo y pidiendo. Cuán diferente sería si adoptáramos la actitud de la fe: «Y sabemos que él nos oye en cualquier cosa que pedimos, sabemos que tenemos las peticiones que le hayamos hecho» (1.ª Jn. 5:15). Esta es la experiencia de la verdadera fe.

«Puestos los ojos en Jesús.»

Si dejamos de mirar a Cristo nuestra experiencia de plenitud cesa. Se termina el poder vencedor. Cosas triviales a la luz de la eternidad posan a ser para nosotros de gran importancia. El poder del pecado nos embauca y seduce. Y, si no recibimos los honores que creemos merecer, o no tenemos satisfacción para nuestra ambición, codicia o presunción caemos fácilmente en pecado. Estamos ansiosos, esquivos, fríos, quisquillosos. Hemos perdido todo sentido de proporción. El centro de gravedad de nuestras vidas somos nosotros, no Cristo. Carecemos de sentido de dirección hacia Cristo. Estamos perplejos y nos descarriamos.

Sólo hay una respuesta para esta condición: volver a mirar a Jesucristo. Arrepentirnos y humillarnos y fijar nuestra mirada en El. Esto nos restaura y purifica, y nos trae crecimiento en la gracia y bendita santificación.

¿Cuál es nuestra actitud con respecto a Cristo? Como el que recuerda haber tenido por un momento la oportunidad de ver a un gran personaje, a un rey o a alguien muy admirado, y atesora la imagen de su cara en la memoria toda su vida, *miremos también a nuestro Rey y no lo olvidemos jamás.*

«Mira a tu Rey, Jesús, y no olvides esta visión jamás en tu vida» El es nuestra salvación, nuestra ayuda, nuestro ejemplo y nuestra fuerza.

2. **Mirar a nuestros camaradas de armas.** El autor de la carta a los Hebreos nos amonesta: «Corramos la carrera» en el ejemplo de los héroes de la fe del Antiguo Testamento. «Por tanto, nosotros también, teniendo en derredor nuestra tan grande nube de testigos por delante» (He. 12:1). Es decir: «Testigos en estos nuevos tiempos, mirad a la historia del Antiguo Testamento. Pensad en lo que sufrieron, resistieron y por lo que lucharon; pensad en sus victorias. No sois solos. Ha habido héroes de la fe en todos los tiempos. Otros han sufrido también por la verdad.»

Este es el verdadero significado de Hebreos 11, esta imponente lista de héroes victoriosos. Podríamos poner al capítulo un título: «La fe es capaz». Hebreos 11 es una prueba de que en un período que cubre más de cuatro mil años, hombres y mujeres de países, posiciones, situaciones y circunstancias diferentes pasaron las pruebas a que fueron sometidos: demuestran la realidad de la fe viva en el poder de Dios. Y lo que ellos hicieron también puedes hacerlo tú. El Dios de ellos es el tuyo. No hay ayer ni hoy para este Dios. Es *tu* Dios.

Realcemos el elemento tiempo en la lista: Son miles de años durante todos los cuales la verdadera fe cumplió hechos extraordinarios, no ya en un período corto o de avivamiento. Estas victorias espirituales pueden conseguirse en tu tiempo, en tu vida, en mi vida y en nuestras circunstancias. No tenemos excusas. *Corramos*, pues, considerando lo que hicieron esta tan grande nube de testigos.

El hablar de «nube» y de que «nos rodea» hace énfasis en el número. Los hallamos esparcidos por todas partes. No hay confines espaciales o de regiones. Dondequiera que miramos hay testigos de la fe. Estamos rodeados de pruebas irrefutables.

La expresión «testigos» no significa espectadores. No están mirando a la «arena» desde asientos exaltados. Son testigos para su generación, que ostentaban su fe ganando victorias para Dios. La Biblia no nos autoriza para creer que una vez han dejado esta tierra los santos pueden tomar parte en los asuntos de la Iglesia militante. Lo que queda de ellos es su testimonio. Es en este sentido que los héroes de ayer siguen siendo los héroes de hoy. Por esto dice el apóstol: «teniendo en derredor nuestra tan gran nube de testigos», porque nos alientan en nuestra fe.

Finalmente, vemos puesto de relieve en todo su valor y dignidad el servicio activo, el sacrificio para Cristo. Se hace resaltar en verdadera luz bíblica. Los testigos de la fe en el presente son puestos en contacto con los testigos del pasado, lo cual eleva a los mártires y confesores de hoy a la dignidad alcanzada por los profetas de antaño. Los héroes de Dios, a los cuales el mismo Dios honra, y cuyo nombre reconoce (Heb. 11:16). Y ésta es también una razón para que cobremos ánimo, aunque nuestras «hazañas» sean insignificantes comparadas con las de ellos, y aunque nuestro servicio y el marco entero de nuestra vida haya sido designado y dirigido por Dios en dimensiones humildes o muy humildes.

3. **Mirar al enemigo.** En este punto la Biblia es sobria en extremo; por decirlo así, toca de pies en el suelo. No favorece la excentricidad malsana. Por esta razón las Escriturasnos dicen francamente que hemos de oponernos a las fuerzas enemigas que nos cierran el paso en nuestra carrera de la fe. La Escritura no hace pronunciamientos del tipo que se oyen de mentes exaltadas, fanáticas o superespirituales, como: «Ya no tenéis que luchar contra el pecado. Mirad

sólo a Cristo. Con ello todo irá bien.» Muy al contrario. Dejan perfectamente claro y detallado que «no tenemos lucha contra carne y sangre, sino contra principados, contra potestades, contra los dominadores de este mundo de tinieblas, contra huestes espirituales de maldad en las regiones celestes» (Ef. 6:12). La Biblia nos hace fijar la vista en los *dos lados*: al de los héroes y al enemigo; al cielo y al infierno; a Cristo, que nos lo da todo, y a Satanás, que niega y se opone a todo lo bueno.

Pero, con toda nuestra fe en Cristo, no debemos menospreciar el poder del enemigo. Es una realidad hosca, que quiere forzar su paso en nuestra vida. Sin duda alguna, su poder es inmenso. Pero, gracias a Dios, el de Cristo es mayor. Martín Lutero habló bien del «viejo enemigo» en el himno «Castillo fuerte es nuestro Dios»:

> *Aunque estén demonios mil*
> *Prontos a devorarnos,*
> *No temeremos, porque Dios*
> *Sabrá aun prosperarnos.*
> *Que muestre su vigor*
> *Satán, y su furor;*
> *Dañarnos no podrá;*
> *Pues condenado es ya*
> *Por la Palabra Santa.*
>
> *Nuestro valor es nada aquí,*
> *Con él todo es perdido;*
> *Mas por nosotros pugnará*
> *De Dios el Escogido.*
> *¿Sabéis quién es? Jesús,*
> *El que venció en la cruz,*
> *Señor de Sabauth,*
> *Y pues El sólo es Dios,*
> *El triunfa en la batalla.*

(Traducción de J. B. CABRERA)

Este estado de guerra continuará hasta el cumplimiento de los tiempos. La carne se rebela a la ley de Dios (Ro. 8:7). Incluso hace la ley de Dios «débil» e inefectiva (Ro. 8:3). Se resiste a morir. No puede ser santificada sino que debe ser vencida en un conflicto arduo, en el combate de la fe. «Porque el deseo de la carne es contra el espíritu, y el del espíritu es contra la carne» (Gá. 5:17). Hay oposición entre poder y poder, voluntad y voluntad, deseo y deseo. Y este insurgente no quiere capitular ante la voluntad de Dios. Es como un muelle que salta de nuevo cuando se suprime la presión que lo comprime; es como la mujer «Maldad» dentro del efá de que habla Zacarías 5:6-11, que hay que forzarla dentro y tapar el efá con tapa de plomo; es un cautivo que espera escapar de su prisión a la primera oportunidad.

Hay que resistir al pecado, pues, desde el principio. No se puede jugar con él. El dejarse tentar por él no es pecado ya, pero si dejamos que se aloje la tentación en la mente es seguro que sucumbiremos. Como dice el aforismo: siembra un pensamiento, recogerás un hecho; siembra un hecho, recogerás un hábito; de un hábito recogerás carácter y el carácter es nuestro destino.

La mente espiritual está siempre alerta, porque conoce el peligro y vigila y ora. Sabe que la carrera no es un camino de rosas, sino de arena, y quizá de abrojos. La victoria está en el futuro. No estamos en la tierra de Promisión, sino en territorio enemigo. Estamos en marcha, animados por un movimiento santo. Nuestra vida cristiana es un «camino» (Hch. 9:2, 18:26, 19:9), una carrera que hemos de correr. Estamos peregrinando a la Jerusalén celestial con la plena «armadura del cristiano».

Hay tres poderes que son obstáculos en nuestra carrera de la fe: el mundo, el pecado y las cargas innecesarias.

El «mundo» con su contradicción,
El «pecado» con su atractivo,
Las «cargas» por su presión paralizante.

El *mundo* odia a Cristo. Su «contradicción» empezó ya en la cruz. Como discípulos de Cristo debemos rechazarlo. La amistad íntima con no creyentes, los matrimonios entre convertidos e infieles, la codicia de bienes o el afán de la fama y honores humanos a costa de una clara confesión de nuestra profesión de cristianos, todo ello disminuye la distancia entre el mundo y los seguidores de Cristo, pero, al mismo tiempo, imposibilita el ser «verdaderos corredores» en la carrera. El que admite componendas lleva las de perder. Puede que no llegue a la meta y no reciba la corona (2.ª Ti. 2:5).

El *pecado* nos circunda por todas partes. Su táctica en la guerra es en extremo astuta. La Epístola a los Hebreos dice que el pecado nos rodea por todas partes *(eu-peri-statos)*.

Nos rodea, como las personas en una muchedumbre y nos impide correr, porque nos bloquea el paso. Hemos de abrirnos paso. O bien es como si lleváramos una larga túnica con la que nos enredamos y tropezamos.

El pecado nos asedia astutamente, nos rodea por todas partes. La palabra griega es un término militar: el sitiar una ciudad, rodearla.

El pecado hace ver que es un «generoso amigo» y nos promete ganancias, o placer o, por lo menos, prevenir pérdidas, dificultades. Ofrece ventajas. Hace uso de la sensualidad, el afán de mando, la codicia, mentiras blancas. Se adapta a muchas formas y se transforma usando tácticas siempre nuevas. Su camuflaje puede ser perfecto, y aun puede repudiar a su propio amo: Satanás. Se hace pasar por «útil» y «bueno». La mentira es su herramienta predilecta, y hay mentiras de todos los colores.

Otro método usado por el pecado es el siguiente: *Minimiza* la importancia de una maldad antes de cometerla, para *magnificarla* después, en nuestra mente. Con ello nos hace la zancadilla, nos priva del aliento, el ánimo y nos hace perder la esperanza de poder volver a la pureza y la libertad. «Grande es mi iniquidad para ser soportada» (Gn. 4:13). El pecado nos lleva de la frivolidad a la depresión. De amigo se vuelve tirano, de liberador a carcelero, nos deslumbra para luego cegarnos. Su táctica es sumamente sutil.

¡Pero, tengamos ánimo! Hay un poder mayor que también nos circunda. Es el poder de Dios y de Su salvación. Aunque el pecado acecha por todas partes, como dice el salmista exultante: «Con cánticos de liberación me rodearás» (Sal. 32:7).

Es un hecho que:

El Señor nuestro Dios está *alrededor* de Su pueblo (Sal. 125:2). «Torreón fuerte es el nombre del Señor» (Pr. 18:10). Por tanto los redimidos están seguros.

El Señor nuestro Dios rige *sobre* nosotros con amor perfecto. «Como el águila que excita su nidada, revolotea sobre sus pollos, extiende sus alas, los toma, los lleva sobre sus plumas. Jehová sólo les guió» (Dt. 32:11-12).

El Señor nuestro Dios nos soporta desde *abajo* para que no caigamos: «El eterno Dios es tu refugio, y acá abajo los brazos eternos» (Dt. 33:27). «Extiende sus alas, los toma» (Dt. 32:11).

El Señor nuestro Dios está a nuestro *lado*. «A Jehová he puesto siempre delante de mí; porque está a mi diestra, no seré zarandeado» (Sal. 15:8). «Caerán a tu lado mil, y diez mil a tu diestra; mas a ti no llegará» (Sal. 91:7).

El Señor nuestro Dios va *delante* de nosotros como nuestro Guía. El es el avanzadilla y precursor en la batalla. Es el que alista a los soldados (2.ª Ti. 2:4). «Subirá delante de ellos el que abre caminos; abrirán camino y pasarán la puerta... su rey pasará delante de ellos, y a la cabeza de ellos Jehová» (Miq. 2:13; cp. Ex. 13:21).

El Señor nuestro Dios nos protege por *atrás* o sea en nuestra retaguardia. «Y el Angel de Dios que iba delante del campamento de Israel se apartó e iba en pos de ellos; y asimismo la columna de nube que iba delante de ellos se apartó y se puso a sus espaldas... y en toda aquella noche nunca se acercaron los unos a los otros» (Ex. 14:19-20). Y, finalmente:

El Señor nuestro Dios reside *en* nosotros como poder de lo alto: «El que me ama, guardará mi palabra; y mi Padre le amará, e iremos a él, y haremos con él morada» (Jn. 14: 23). «Cristo en vosotros, la esperanza de la gloria» (Col. 1:27).

De manera que Cristo es el Señor que está alrededor nuestro por todos lados. Encima, debajo, a los lados, delante y detrás. El es «todo y en todos» (Col. 3:11). Por esta razón, porque El es el fundamento y el objeto, el autor y el consumador, podemos estar seguros de la victoria: «Como Jerusalén tiene montes alrededor de ella, así Jehová está alrededor de su pueblo desde ahora y para siempre» (Sal. 125:2).

Así, aunque el pecado nos rodea por todos lados, encontramos en Cristo al gran Emanuel, el «Dios con nosotros», quien se revela a sí mismo, por todos lados, como su Contrincante.

En Zacarías 1:18-21 hallamos la siguiente visión:

> Después alcé mis ojos y miré, y he aquí cuatro cuernos.
> Y dije al ángel que hablaba conmigo: ¿Qué son éstos?
> Y me respondió: Estos son los cuernos que dispersaron a

Judá, a Israel y a Jerusalén. Me mostró luego Jehová cuatro obreros. Y yo dije: ¿Qué vienen éstos a hacer? Y me respondió, diciendo: Aquellos son los cuernos que dispersaron a Judá, tanto que nadie alzó su cabeza; mas éstos han venido para hacerlos temblar, para derribar los cuernos de las naciones que alzaron el cuerno contra la tierra de Judá para dispersarla.

Hay cuatro cuernos (poder del enemigo) que atacan al pueblo de Dios por los cuatro lados. El cuerno es símbolo de fuerza. Los cuatro obreros son las fuerzas de Dios que el Señor usa para salvar a los elegidos.

Notemos que no es un caso de tres fuerzas de Dios contra cuatro del enemigo, sino cuatro contra cuatro. Ningún poder del enemigo es menospreciado. *Todos* los enemigos serán destruidos. La victoria ha de ser total.

Además, no es el caso de cuatro escribas u hombres de negocio, sino cuatro obreros («Carpinteros», RV. 60). Esto quiere decir que las fuerzas de Dios contra el enemigo no están sin energías. Son muy poderosas. No es meramente igual a Sus adversarios sino muy superior. Por esta razón la ciudad de Dios puede alegrarse (Sal. 46:4). La victoria final es segura: los cuatro cuernos son quebrantados y el pueblo de Dios salvado. Todo ello por el poder de *Dios*. El ganó la victoria. «La diestra de Jehová hace proezas, la diestra de Jehová es sublime, la diestra de Jehová hace valentías» (Sal. 118:15, 16).

Recuerda: tu poder es *nulo*, el enemigo es *poderoso*, pero Dios es *todopoderoso*. No intentes contraatacar con tu poder, porque el resultado pondrá en evidencia tu invalidez. Pero, «con» Jehová verás proezas.

Las *cargas* no son lo mismo que el pecado. Pero nos abruman y estorban nuestro progreso y es necesario que las descartemos.

Las cargas son los cuidados: agotan nuestra fuerza espiritual. Es insensato llevarlas, no podemos correr con ellas. Hay cosas que nosotros queremos hacer ver u ostentar y que nos impiden la actividad para Cristo. O pueden reducir nuestras ofrendas y sacrificios de amor práctico para la obra misionera. Tiempo que exigimos para nosotros y dedicamos a la indolencia, dejamos la comunión de los hermanos o no vamos a las reuniones de oración, no visitamos a los enfermos o dejamos de ejercer otras actividades de amor. O bien somos cobardes en nuestro testimonio a causa de nuestro orgullo. Nos avergonzamos de Cristo.

Las cosas terrenales nos son una necesidad. Tiempo, dinero, honor personal y civil, todo ello tiene valor en nuestra existencia humana y en manera alguna podemos negarlos en principio. Pero, cuando reàlmente estamos orientados espiritualmente hemos de trazar una línea divisoria en cada caso y decidir lo que podemos permitir y cuando se transforma en una «carga». El factor decisivo es que nuestra vida interior «eche mano» de Cristo (Fil. 3:12), de modo que nuestro corazón sea un «área ocupada». Entonces tenemos una percepción delicada de todas estas diferencias, y permanecemos firmes y en contacto, somos sensatos con respecto a lo que puede reclamar este mundo y lo que hemos de sacrificar por el Reino de Dios; lo natural y lo espiritual. Entonces estas cosas terrenas recibirán la porción que les corresponda y las celestiales su medida «llena, remecida y apretada». Lo esencial es que veamos las cosas terrenas desde el punto de vista de la eternidad.

Esto nos lleva a un cuarto aspecto de nuestra visión correcta de cómo correr la carrera.

4. Mirar a la meta. Sólo el corredor que conserva su mirada fija en la meta tiene alguna probabilidad de alcanzar la victoria. Por esta razón, Pablo dice (y la carta a los Hebreos refuerza este pensamiento de Pablo): «Olvidando lo que queda atrás, y extendiéndome a lo que está delante, prosigo hacia la meta, para conseguir el premio del supremo llamamiento de Dios en Cristo Jesús» (Fil. 3:13, 14).

El carácter de los hombres está formado no sólo por su pasado (familia, antecesores, educación) y las presentes circunstancias (ambiente, trabajo, profesión), sino también y de modo marcado por el futuro. El hombre crece interiormente cuando sus ideales son más elevados. Asimismo, en la vida espiritual, la santificación y la esperanza van juntas. «Y todo aquel que tiene esta esperanza puesta en El, se purifica a sí mismo, así como El es puro» (1.ª Jn. 3:3).

Así Cristo sufrió en el Gólgota con la mirada en «el gozo puesto delante de El» (He. 12:2). Al entrar en el sombrío valle de muerte Su mirada, a través de las tinieblas circundantes, vio la luz del triunfo próximo.

Esta debe ser también nuestra actitud. Cuando sufres oprobio a causa de tu testimonio, regocíjate en la corona de gloria. «Al que me confesare delante de los hombres, yo también le confesaré delante de mi Padre que está en los cielos» (Mt. 10:32). Si renuncias a los goces del pecado como estorbo para tu santificación y santidad, puedes estar seguro que tendrás porción un día en el maná celestial (Ap. 2:17). Todo sacrificio, personal o pecuniario, por amor de la divulgación del evangelio, es reconocido por Dios y las cuentas no salen embrolladas en los escritorios divinos. Nuestra cuenta corriente terrenal será liquidada al otro lado en moneda celestial. «No es que busque dádivas, sino que busco fruto que abunde en *vuestra* cuenta» (Fil. 4:17).

Este esforzarnos para alcanzar el objetivo comprende, pues, todo aspecto de la vida, tanto interior como exterior. El galardón es tal que vale la pena entregarlo todo y aun nosotros mismos para conseguirlo.

Las palabras iniciales de Hebreos 12 son notables: «Por tanto, nosotros también...» Este «por tanto» es realmente enfático, mucho más fuerte de lo que sería «así pues», o «de la misma manera». La idea es hacer énfasis y tan fuerte como se pueda sobre la necesidad de que los creyentes saquemos las consecuencias prácticas del ejemplo de los héroes de la fe del Antiguo Testamento. El ejemplo principal y por encima de todos es el del Señor Jesucristo.

Los santos del Antiguo Testamento dedicaron sus vidas a la fe... *¡POR TANTO, nosotros también!* La victoria fue posible entonces... *¡también lo es ahora!*

Por encima de todo: habiendo Cristo nuestro Señor demostrado que es posible la victoria, aun en la cruz, también nosotros hemos de disponernos a sufrir, a luchar y a vencer.

Y ya no es «nosotros», es TU. Cristo es tu ejemplo. Por tanto, esto quiere decir TU y también YO. Cristo nos preparó el camino.

En la palestra de la fe... ¡Miremos a Jesús!

5

La carrera del cristiano como una carrera de obstáculos

El Cristiano y el Sufrimiento

Porque aún no habéis resistido hasta derramar sangre, combatiendo contra el pecado; y habéis ya olvidado la exhortación que como a hijos se os dirige, diciendo: Hijo mío, no menosprecies la disciplina del Señor, ni desmayes cuando eres reprendido por El; porque el Señor al que me ama, disciplina, y azota a todo el que recibe por hijo. Si soportáis la disciplina, Dios os trata como a hijos; porque ¿qué hijo es aquel a quien el padre no disciplina? Pero, si estáis sin disciplina, de la cual todos han sido participantes, entonces sois bastardos, y no hijos. Además, tuvimos a nuestros padres terrenales que nos disciplinaban, y los respetábamos. ¿No nos someteremos mucho mejor al Padre de los espíritus, y viviremos? Pues, aquéllos nos disciplinaban por pocos días como a ellos les parecía, pero éste para lo que nos es provechoso, para que participemos de Su santidad. Es verdad que ninguna disciplina parece al presente ser causa de gozo, sino de tristeza; pero después da fruto apacible de justicia a los que han sido ejercitados por medio de ella. (Hebreos 12:4-11.)

¡PERSEVERA! ¡Resiste! ¡Sigue corriendo! ¡No te desanimes! ¡No mires atrás sino prosigue adelante hacia la meta! Sigue firme, con el mismo aliento con que empezaste la carrera. Sólo así es posible ganar el premio. Este es el mensaje de toda la carta a los hebreos, especialmente Hebreos 12.

Dios es el Arbitro celestial de esta carrera. En Su infinita sabiduría tiene colocados obstáculos en nuestro camino, no ya para estorbar nuestro ímpetu, sino para poner a prueba nuestra devoción, para mantener nuestra sinceridad, vigilancia y perseverancia, para vigorizar nuestra energía espiritual.

Esta carrera de la fe es, pues, una «carrera de obstáculos». Estos son las dificultades y los sufrimientos. Pero todos ellos pueden ser superados por el perfecto amor, sabiduría y poder del Divino Arbitro. ¡Y cuanto más difícil es el conflicto, más glorioso es el premio para el vencedor!

El sufrimiento debe ser mirado desde el punto de vista de la eternidad. Sólo así podemos reconocer su gran valor. El sufrimiento no es algo superfluo o incluso que estorba o restringe nuestra vida real y nuestro beneficio eterno. «Hijo mío, *no menosprecies* la disciplina del Señor» (v. 5). Hemos de reverenciar los misterios y perplejidades de la vida, porque en todos ellos, en último análisis, encontramos a Dios.

El que no mira el sufrimiento desde el punto de vista divino se siente estorbado y molesto. Para él, el sufrimiento no es nada más que peso muerto, que le impide correr más ligero y en realidad puede acabar siendo realmente esto en su vida. Por tanto, es esencial que todo corredor tenga una visión correcta del significado del sufrimiento para Dios, aunque nosotros no podemos entender Sus propósitos en detalle. De hacerlo así el estorbo puede transformarse en ayuda, y el desaliento en nuevo ánimo. Las dificultades de la vida serán para él un acicate que le impulsará a ir más adelante. Lo que de otro modo le paralizaría le dará nuevo poder. Lo que oprime hacia abajo nos hace mirar hacia arriba. «¡Puestos los ojos en Jesús!»

En Hebreos 12, en los versículos que siguen a la exhortación inicial a correr la carrera, se nos muestra en unas pocas frases, aunque llenas de significado, la bendición del sufrimiento (vv. 5-11). Esto se hace en forma séptiple:

En la carrera de obstáculos de la fe el verdadero creyente:

Ve en las dificultades de la vida pruebas de la *Paternidad* de Dios (He. 12:5*a*, 6*b*, 7*b*, 8).

Mira la aflicción y pruebas como medios para manifestarse el *amor* de Dios (He. 12:6*a*).

Confía en medio de todos los sufrimientos en la infalibilidad y benignidad de todas las decisiones de la *sabiduría* de Dios (He. 12:10*a*).

Considera, en el torbellino de sucesos, la mano ordenadora que rige según el *gobierno* de Dios (He. 12:7*a*).

Se sujeta sin quejas o críticas, a lo que es inexplicable y oscuro de la soberana *autoridad* de Dios (He. 12:9).

Valora el sufrimiento como una necesidad de la educación, a fin de que nuestras vidas puedan ser cambiadas a la imagen de la *santidad* de Dios (He. 12:10).

Estima lo sombrío de la vida como un medio por el que Dios llega a la consecución de los brillantes *objetivos* divinos: (He. 12:11*b*).

1. La verdadera fe ve en las dificultades de esta vida PRUEBAS DE LA PATERNIDAD DE DIOS. Los sufrimientos dan testimonio de nuestra filiación: «Dios os trata como a hijos; porque ¿qué hijo es aquel a quien el padre no disciplina?» (v. 7). Donde no hay disciplina, no hay paternidad. Si nuestros padres terrenales nos disciplinan (a quienes debemos la vida corporal), ¿cuánto más nos disciplinará Dios, a quien debemos nuestra vida espiritual?

Por tanto, sería erróneo quejarse de que Dios permita a Sus propios hijos que sufran. Al contrario, sufren *por* el hecho de ser hijos, porque Dios tiene que purificarnos y educarnos. Sufrimos, no *a pesar* de Su Paternidad, sino *a causa* de la misma, que hace Su disciplina necesaria. Hemos, pues, de estar agradecidos al Dios eterno, en Jesucristo su Hijo, porque obra con nosotros como padre. Los sufrimientos nos prueban que pertenecemos a la familia. Dios nos habla «como a hijos» (v. 5*a*); nos trata como a «hijos» (v. 7): El «azota» a todo el que recibe por «hijo» (v. 6), de otro modo, no seríamos hijos sino «bastardos» (v. 8).

No olvides que tú no eres el único hijo que tiene que ser «azotado», pues El lo hace con «todos» (v. 6). Esto puede contribuir a que no sobrevalores tus sufrimientos. «Sabiendo que los mismos padecimientos se van cumpliendo en los hermanos en todo el mundo» (1.ª P. 5:9). Esto nos hace más precavidos al sopesar nuestras cargas, y nos anima; porque si los otros, con la ayuda de Dios sobrellevan las cargas, también podemos nosotros. No estoy solo, somos muchos los que avanzamos por el mismo camino, corremos la misma carrera. El Padre nos llevará a todos a la meta.

2. **La fe considera la aflicción y los sufrimientos de esta vida como** MEDIOS DEL AMOR DE DIOS.   «Porque el Señor, al que ama, disciplina, y azota al que recibe por hijo» (v. 6). Los sufrimientos muestran que Dios está interesado en nosotros, que nos está moldeando, que nos ama. «De cierto ama a su pueblo; todos los consagrados estaban en tu mano, por tanto, ellos siguieron en tus pasos» (Dt. 33:3).

¡Qué asombroso es este hecho! ¡El Todopoderoso está interesado en una partícula infinitesimal de vida! Esto debe bastarnos. Todo el amor de nuestro Padre celestial se aplica a nuestro progreso y santificación a bendecir nuestro camino por el tiempo hacia la eternidad.

El *corazón* de Dios nos «ama» —
   Somos Sus elegidos.
Las *manos* de Dios nos «sostienen» —
   Estamos bajo Su protección.
La *boca* de Dios nos «enseña» —
   Poseemos Su divina Palabra.
«Descansamos» a los *pies* de Dios —
   Y gozamos Su paz.

De modo que, todo hijo del Padre celestial debe estar confiado, incluso en el sufrimiento. El sabe que «nada puede separarnos del amor de Dios» (Ro. 8:38, 39). Es más: todas las cosas, especialmente las dificultades, son una prueba de Su amor. El corredor no se desanima, pues, ante los obstáculos. Confiado prosigue hacia la meta, descartando las preocupaciones y la aflicción.

Las preocupaciones son una contradicción en nuestra condición de hijos de Dios. En el Sermón del Monte el Señor Jesús nos advierte claramente contra la ansiedad; se podría decir que está haciendo una campaña contra la ansiedad. El cristiano debe evitarlas por varias razones:

1) Las preocupaciones son *inútiles*. ¿Quién puede con ellas añadir un codo a la longitud de su peregrinaje terrenal? Este tiene muchos kilómetros de longitud, pero nosotros no podemos añadir nada al mismo (Mt. 6:27). La traducción en este versículo por «estatura» no es clara porque podría dar la idea que se trata del tamaño del cuerpo. El sentido es, probablemente, que no debemos hacer ni las cosas más pequeñas: añadir unos minutos a nuestra vida, a pesar de todos nuestros intentos.

2) Las preocupaciones nos *perjudican*. Son innecesarias e insensatas. Con ellas se experimenta dos veces la dificultad: la primera, en la imaginación; la segunda, en la realidad; tenemos primero, la preocupación o temor, luego, el hecho. ¡Basta con una vez! «Le basta a cada día su propio mal» (Mt. 6:34).

3) Las preocupaciones *carecen de base*. Los lirios del campo y las aves del cielo no se preocupan y, sin embargo, hay quien cuida de ellas. ¿No eres tú mejor que las aves y las flores? La comparación del Señor es apropiada.

El alimento y el vestido son las principales causas de preocupación. «No os afanéis por vuestra vida» dice el Señor (Mt. 6:25). El preocuparse es negar la nobleza del hombre, negar el que sea la corona de la creación y que esté destinado para el reino. El que se preocupa olvida su vocación, así como la buena voluntad de Dios y Su poder para ayudarnos. Olvida la suficiencia y perfecta sabiduría de Su eterno amor.

4) Las preocupaciones *no corresponden a un hijo*. El hombre ocupa una posición mucho más elevada que las plantas y los animales. ¡Cuánto más, aún, si lo consideramos desde el punto de vista de la salvación! Como hijos podemos decir con el corazón agradecido: «Vuestro Padre celestial sabe que tenéis necesidad de todas estas cosas» (Mt. 6:32). Al preocuparnos olvidamos nuestro rango celestial. Siendo

hijos podemos gozarnos en el privilegio de que el Señor proveerá para nosotros.

5)   Las preocupaciones son *terrenales*. Se refieren demasiado a cosas de aquí abajo (alimento y vestido); cuando nuestra actitud debería elevar nuestra mirada en dirección a los cielos: «Mas buscad primeramente el reino de Dios y su justicia, y todas estas cosas os serán añadidas» (Mt. 6:33).

6)   Las preocupaciones son *idólatras*. Se refieren demasiado a la posesión de cosas materiales. Son un servicio a Mammón. Mammón es un dios pagano. «Nadie puede servir a dos señores: a Dios y a Mammon» (Mt. 6:24).

7)   Las preocupaciones son *paganas*. «Porque todas estas cosas las buscan con afán los gentiles» (Mt. 6:32). El espíritu de la preocupación es una actitud mental ajena al reino de Dios. Rebaja nuestro pensar como redimidos y nos hace comportar como extraños, como paganos.

Por todas estas razones el cristiano debe evitar las preocupaciones. «Echando toda vuestra ansiedad sobre El: porque El tiene cuidado de vosotros» (1.ª P. 5:7). Martín Lutero, en su forma gráfica acostumbrada dijo: «¡Ojalá que aprendiera esta clase de "echar"!» El que no lo aprende permanece él mismo «des-echado».

O bien, meditemos en estas otras palabras del gran Reformador:

> *El contar dinero en una bolsa vacía,*
> *El poner a cocer pan en las nubes,*
> *Este es un arte que sólo sabe Dios.*
> *El acostumbra hacer las cosas de la nada*
> *Y no de vez en cuando: lo hace siempre.*

Hay dos pasajes que desde lados opuestos nos garantizan que Dios proveerá para nuestras necesidades. El primero es: «Y poderoso es Dios para hacer que abunde en vosotros *toda* gracia, a fin de que, teniendo siempre [*todo* momento] en *todas* las cosas *todo* lo suficiente, abundéis para *toda* buena obra» (2.ª Co. 9:8). En el original griego la palabra «todo» aparece cinco veces.

El segundo lo hallamos en Hebreos 13:5, a continuación del capítulo 12 que estamos estudiando: «De ningún modo te desampararé, ni te dejaré». Estos versículos son bien claros pero el texto griego es aún mucho más enfático: va añadiendo (en este último versículo) cinco negativos, para dejar definitiva la idea de que El cuidará de nosotros. Así el versículo debería decir: «¡*No* te desampararé! *¡Jamás! ¡No! ¡Nunca* y por *ningún* medio te dejaré!»

¿Me dará Dios todo lo que sea necesario y bueno? ¡Sí! Cinco veces sí. ¡*Toda* gracia! ¡En *todo* momento! ¡En *todas* las cosas! ¡*Todo* lo suficiente! ¡Para *toda* buena obra!

¿Me olvidará Dios? ¡No! dice cinco veces el texto griego. «¡*No! ¡Jamás! ¡Nunca!* ¡Por *ningún* medio!» Por tanto, «tengamos fe en Dios». Su amor y Su fidelidad deben ser la norma de nuestra vida.

Los obstáculos en la carrera son designados y vencidos por Su perfecta sabiduría. Los arreglos y la disposición de la pista están a Su cargo, y El es un sabio y justo Arbitro, pero, sobre todo, es nuestro Padre.

3. **La verdadera fe confía en medio de todos los sufrimientos en la infalibilidad y previsión de todas las DECISIONES DE LA SABIDURIA DE DIOS.** Nuestros padres terrenales, aunque experimentados y amantes pueden cometer errores en los métodos que usan para criarnos. El horizonte que ven es restringido, y el errar es común al hombre. Hacen todo lo que pueden, según su conciencia y sus conocimientos. Pero el Padre celestial no yerra nunca. No hay en Su tratamiento de los hijos ningún paso falso. Todo cumple según Sus fines. Todo sirve para alcanzar el gran ideal, el más alto ideal posible, que es transformar a Su hijo a la imagen y semejanza de Su naturaleza santa: «Pues aquéllos nos disciplinaban por pocos días como a ellos les parecía, pero éste para lo que nos es provechoso, para que participemos de Su santidad» (He. 12:10). Así que la fe no descansa sólo en el amor de Dios sino también en Su sabiduría. La fe sabe: «Yo soy el hijo de Dios y no Su consejero» (Tersteegen). Aun en medio de la tribulación, cuando no veo salida, puedo decir: Su mano me sostiene firmemente. ¡Mi Padre lo rige todo!

No te inquietes, oh alma. Pues Dios está a tu lado;
Lleva tu cruz, paciente, de dolor y de pena;
Deja a Dios que provea y ordene;
En las dos cosas verás muestra de Su fidelidad.
No te inquietes, oh alma: si hay caminos de abrojos,
De la mano, te llevará tu amigo.

No te inquietes, oh alma: es tu Dios que se encarga
De guiar tu futuro, como ha hecho hasta ahora.
¿Por qué razón vacila tu confianza?
Lo que está ahora oscuro verás a plena luz.
No te inquietes, oh alma: todavía los vientos
Y las olas obedecen su voz.

(KATHARINA VON SCHLEGEL)

Alcanzamos una visión completa y conseguimos verdadero consuelo para el alma atribulada de los redimidos cuando recordamos que no es sólo el amor perfecto de Dios y Su sabiduría lo que rige, sino, además, Su divina omnipotencia. Nuestro Padre *quiere* ayudarnos, *sabe cómo* hacerlo y *puede hacerlo.* Esta trinidad de capacidades, obrando juntas, nos garantiza que, a pesar de las dificultades en el camino, al fin, todo obrará en favor nuestro. De hecho, si miramos las cosas desde el punto de vista divino, podemos decir que estando todo bajo Su control, todo es beneficioso y bueno para nosotros.

4. **La verdadera fe considera en el torbellino de sucesos la mano ordenadora de un DIOS QUE LO GOBIERNA Y LO DIRIGE TODO.** El pensamiento central de nuestro pasaje en Hebreos 12 es que los sufrimientos de los redimidos tienen un significado más profundo que el de las apariencias (He. 12:11), y que, a pesar de todas las actividades de los enemigos, *Dios* en realidad es el que actúa. Aunque los que persiguen a los cristianos procuran su destrucción, el objetivo divino es que todos estos sucesos sirvan para su glorificación; Su «beneficio», el «fruto apacible de justicia». Lo que sufrís es para vuestra disciplina. Porque después del sufrimiento, incluso el sufrimiento de la persecución, a que se refieren principalmente estos versículos, dará a los que han sido ejercitados en ella, un fruto apacible de justicia (v. 11). Esto significa que Dios anula a veces las acciones de sus enemigos. Ellos intentaban para mal, pero Dios lo

transforma para bien (Gn. 50:20). Dios usa los objetivos de los impíos para alcanzar Sus propios fines divinos. Dios actúa en formas misteriosas, velándose de forma que incluso la fe puede reconocerlo sólo hasta cierto punto. En todos los múltiples sucesos Dios nunca pierde de vista el objetivo final del conjunto. El es Dios no sólo de la colectividad, sino de cada uno de los individuos. En todos los grandes sucesos nunca descuida las cosas pequeñas, ni en el curso de la historia universal la historia de las vidas personales. Tiene en Su mano las riendas de los sucesos, y todo el complicado acontecer en el tiempo y en el espacio.

La fe por tanto puede aceptar las acciones de los no creyentes como enviadas por Dios. Ellos no podrían esparcir obstáculos en nuestra carrera si no se lo hubiera permitido el divino Organizador de la prueba; si el Divino Arbitro, en una forma misteriosa pero efectiva, no actuara detrás y en todos sus esfuerzos.

Esto nos da un notable sentido de la independencia del hombre y una superioridad en las cambiantes escenas de la vida. «Así pues, *no* me enviasteis acá *vosotros*, sino *Dios*» (Gn. 45:8) fueron las palabras de José a sus hermanos, a pesar de que unos momentos antes les había dicho: «Yo soy José vuestro hermano, el que vendisteis para Egipto» (v. 4). Tres veces afirma: «Me envió *Dios* delante de vosotros (v. 5); «*Dios* me envió delante de vosotros» (v. 7); «*Dios* lo encaminó a bien, para hacer lo que vemos hoy, para mantener en vida a mucho pueblo» (Gn. 50:20). Así que, la fe, en último análisis, no acepta nada como procedente de la mano de los hombres; la fe ve las cosas procedentes de la mano de un Dios amante, todopoderoso, que lo rige todo, incluso las dificultades, pérdidas e injusticias que sufrimos. «¿Caerá sobre una ciudad el infortunio, sin que Jehová lo haya causado?» (Am. 3:6). Aquí encontramos el secreto poderoso del gobierno del mundo por Dios, el poder que hemos de reconocer en obediencia y confianza, aunque no lo podamos entender en lo intrincado de sus relaciones y detalles. Nos deja confiados en extremos el saber que: «todo lo que nos alcanza en la vida debe haber pasado primero por Dios».

Por esta razón las Escrituras nunca hablan meramente de una voluntad de Dios que «permite». Dios no es nunca espectador meramente. Su actitud no es pasiva en los sucesos de este mundo, sino definitivamente activa. No está *al lado* de los acontecimientos, sino *en* ellos. No está solo *sobre* el mundo, sino que vive *en* el mundo; «porque *en* El vivimos, y nos movemos, y somos» (Hch. 17:28). Esto no fue afirmado por el apóstol sólo en el sentido espiritual, como si fuera exclusivamente para los creyentes; no, está hablando de los hombres en general, como criaturas de Dios, y por tanto se refiere a los paganos también.

El plan eterno de Dios para Su Reino, gobierna nuestra vida. Todos los acontecimientos de la historia humana son un andamio o base de sustentación para los sucesos de la historia de la salvación. El cielo y el infierno, los ángeles y los demonios, la fe y la incredulidad, la iglesia y el mundo, lo grande y lo pequeño, lo general y lo personal en esta vida, todo sirve, de modo consciente o inconsciente, voluntario o involuntario, para cumplir la voluntad de Dios. El gobierna y hace todas las cosas bien.

Por esta razón «sabemos que a los que aman a Dios, todas las cosas les ayudan a bien, esto es, a los que conforme a Su propósito son llamados» (Ro. 8:28). En este versículo se expresa la servidumbre de todas las relaciones terrenas a la voluntad de Dios. Todo «obra conjuntamente» (expresión literal). Todas las cosas sirven a los fines divinos. Por medio de todas las cosas, incluso las «peores», las «mejores» se realizarán, esto es, la transformación de los redimidos a la imagen de Cristo, el Redentor, de modo que podamos «ser modelados conforme a la imagen de su Hijo, para que él sea el primogénito entre muchos hermanos» (Ro. 8:29).

Se dice de un modo expreso, sin embargo, que esto ocurre sólo en el caso de «los que aman a Dios». Porque «las cosas terrenales deben ser conocidas antes que podamos amarlas; pero las cosas divinas deben ser amadas antes que podamos conocerlas» (Pascal). Y no en vano son aquellos que aman a Dios caracterizados al mismo tiempo como «aquellos que conforme a Su propósito son llamados». Es decir, un plan eterno gobierna nuestra vida. Nuestra corta vida en la tierra se halla entre dos eternidades: la eternidad antes del tiempo del mundo, con su divina elección, y la eternidad después de este mundo, con su divina perfección. Todas las circunstancias del tiempo han sido consideradas y tenidas en cuenta por Dios en Sus planes eternos. Si, por tanto, todos los acontecimientos y relaciones en el tiempo aquí abajo sirven conjuntamente para realizar los planes divinos, esto significa que no hay ocurrencias que aparezcan en el tiempo que no hayan sido preparadas de antemano, que sean meras coincidencias, o cuestiones de azar en su circunstancia específica, sino evidencias de la eterno previsión y consejo de nuestro Dios misericordioso. Así que, nuestra seguridad en la fe de que todo lo temporal no es más que un eslabón en la cadena de lo eterno está basado en roca firme. Y contando con el gobierno omnipotente de un Padre amoroso podemos seguir avanzando por los escollos y peligros sin ansiedad o temor.

5. **La verdadera fe se somete sin críticas ni quejas a la SOBERANA Y REAL AUTORIDAD DE DIOS aun en medio de la oscuridad inexplicable.** Esto lo subraya también nuestro pasaje de Hebreos: «Además, tuvimos a nuestros padres terrenales que nos disciplinaban, y los respetábamos. ¿No nos someteremos mucho mejor al Padre de los espíritus y viviremos?» (He. 12:9). Esto significa: es una condición de la vida real el que estamos sujetos al Padre de los espíritus. El someterse, uno mismo, y vivir son dos cosas que van juntas de modo inseparable. ¿No podemos someternos a las medidas disciplinarias y educativas de nuestro Padre celestial sin contradecirlas, sin rebelión interior, con gratitud, serenidad y felicidad en nuestros corazones? ¿No son Sus pensamientos infinitamente más elevados que nuestros pensamientos? (Is. 55:8, 9). ¿No es El capaz de juzgar la situación mejor que nosotros, El, que vive en Su lugar alto y santo, en Su trono eterno en las alturas celestiales? Nosotros vivimos en la llanura aquí abajo, en valles profundos y estrechos de esta vida, con un horizonte restringido. ¿No es posible que muchas cosas que desde aquí nos parecen sin sentido nos sean reveladas en la eternidad como en extremo significativas y de la mayor importancia?

¿No sabe El, el Divino Organizador de la carrera, cuáles son los arreglos necesarios y provechosos en la carrera, mejor que el corredor, que es sólo un individuo participante en la competición y que no tiene una visión de conjunto? ¿No debe, pues, simplemente reconocer la superioridad y autoridad del Arbitro Divino y, sin discutir, seguir corriendo, con todos los obstáculos, la carrera que le «ha sido propuesta» por el Divino Organizador?

Pero, si nos quejamos, desconfiamos y nos preocupamos de lo que hace nuestro Padre celestial, significa que le consideramos en menos y le tenemos menos respeto que a nuestros padres terrenos. Porque éstos, en quienes confiábamos, a veces nos corregían. ¿Es justo y sensato, pues, rebelarnos contra nuestro Padre celestial si El nos lleva a la escuela de la disciplina y nos hace cruzar dificultades para ampliar y profundizar nuestra vida espiritual, y mostrarnos en la misma experiencia del sufrimiento Su ternura y Su cuidado?

Mucho más teniendo en cuenta que El es muy superior a nuestros padres terrenos; lo es en tanto cuanto el espíritu es superior al cuerpo, en tanto cuanto nuestra personalidad espiritual interior es superior a la apariencia externa del cuerpo.

Por tanto, ¡fuera las quejas y las recriminaciones! El espíritu de queja es una rebelión contra Dios. Dios lo hace todo bien. «Acepta y ama tu destino, porque es lo que Dios dispone para tu alma.» Aunque los enigmas te rodeen, y mucho parezca sin sentido, la *fe puede esperar*. Los libros de Dios deben ser leídos al revés, es decir, empezando por el final, porque una vez alcanzada la meta, al mirar hacia atrás, veremos lo que era oscuro del camino irradiando resplandor.

Hasta que amanezca la eternidad Dios permanece velado y en la oscuridad. Cuanto más se acercaba el sacerdote al centro de la morada simbólica de Jehová, en el tabernáculo, y su trono de gracia, a saber, el arca del pacto con su propiciatorio y el *shekináh*, más oscuro era alrededor de él. El patio exterior carecía de tejado y estaba iluminado por la luz natural del sol; el Lugar Santo tenía sólo la luz velada de un candelero y estaba cerrado por paredes. El Lugar Santísimo, era completamente oscuro. «Jehová ha dicho que El habitaría en la oscuridad densa de la nube» (1.º R. 8:12, cp. Ex. 20:21). El significado de esto es como sigue: cuanto más se acerca el hombre a Dios, más se acerca al Gran Misterio. Dios es Eterno, absolutamente diferente, Supremo, Absoluto en la infinidad de su esencia. No hay inteligencia humana que pueda sondear las profundidades de su Divino Ser. Ante El hemos de reconocer nuestra insignificancia y prosternarnos humildemente. En Su presencia hemos de guardar silencio y adorar.

«Dios mora en luz inaccesible» (1.ª Ti. 6:16). Su morada simbólica terrena daba testimonio de este hecho. En el lenguaje simbólico del tabernáculo y el templo, sin embargo, su invisibilidad sólo podía ser representada por la falta total de toda luz creada. La luz absoluta eterna sólo podía ser expresada por las tinieblas místicas simbólicas.

En la ciudad de Dios eterna, su faz será visible (Ap. 22:4; Mt. 5:8). Por tanto, cuando llegue el tiempo en que estemos en el Lugar Santísimo celestial, no habrá más oscuridad, falta de iluminación, sino que todo será lleno por la luz (Ap. 21:10, 11, 23). «El Señor Dios los iluminará» (Ap. 22:5). «Le veremos tal como El es» (1.ª Jn. 3:2). Esta será una experiencia maravillosa, tanto por lo que se refiere a la comprensión del consejo general de Dios respecto a nuestra salvación, como respecto a los misteriosos caminos por los cuales El nos ha conducido como individuos.

Una cosa nos será revelada de modo especial: la forma en que Dios había dispuesto que los sufrimientos contribuyeran a nuestro crecimiento espiritual.

6. **La verdadera fe considera el sufrimiento como una necesidad para la educación, de modo que nuestras vidas sean cambiadas a la IMAGEN DE LA SANTIDAD DE DIOS.** El Padre celestial nos disciplina para nuestro «beneficio», a fin de que lleguemos a ser «partícipes de Su santidad» (He. 12:10). Las medidas con que Dios nos ayuda a veces son onerosas y aun severas. Es por esto que es verdad que «las pequeñas pruebas nos hacen salir de casillas, pero las grandes pruebas nos hacen entrar en razón». Fue cuando se moría de hambre que el hijo pródigo «entró en razón» y dijo: «Me levantaré e iré a mi padre» (Lc. 15:14-18).

En los períodos de «visitación» Dios está tratando de persuadirnos, como fugitivos de Dios, de que regresemos a la casa del Padre. Incluso los desengaños deben despertarnos y hacernos ver que las ilusiones a las que el pecado nos ha llevado no son en la vida las cosas que verdaderamente tienen importancia. Los sufrimientos de este mundo son medios, en las manos de Dios, para hacernos comprender Su plan para la redención. El que el mundo no pueda conceder lo que el hombre anhela le libra de falsas expectativas y reactiva su deseo por el Paraíso perdido. A causa de los desengaños de la tierra suspiramos por las cosas celestes y al fin del camino podremos confesar: «He aquí amargura grande me sobrevino para mi bien» (Is. 38:17).

Así hemos visto que los obstáculos en nuestra carrera están puestos por el amor de Dios con el propósito de promover nuestro desarrollo interior, fortalecer nuestros músculos espirituales, darnos oportunidades para la victoria, ayudarnos a ser más y más transformados, en carácter y conducta, en conformidad con la santa naturaleza de la meta eterna.

7. **La verdadera fe estima lo sombrío de la vida como un medio para alcanzar el BRILLANTE Y ETERNO OBJETIVO DE DIOS.** La presión aumenta, lo de «después» pronto será presente. «Es verdad que ninguna disciplina parece al presente ser causa de gozo, sino de tristeza; pero después da fruto apacible de justicia a los que han sido ejercitados por medio de ella (He. 12:11).

No hay duda de que el cristiano también siente lo agudo y cortante de las dificultades. Para él, también son reales. Dan la impresión de trastornar, y la Biblia no nos dice que deba ser de otro modo. Pero las cosas de Dios son demasiado naturales para hacer demandas excesivas de las posibilidades y facultades humanas. La Biblia no requiere que el cristiano no haga caso de sus tribulaciones, las mire superficialmente, y considere que no llegan a ser aflicción o pena. Si así fuera, no tendrían precisamente el efecto apetecido, el servirnos para nuestro mejoramiento, pues no tendrían efecto. Si no dolieran no serían efectivos para hacernos recapacitar. La Escritura usa la palabra «azote» (He. 12:6). (Cp. Hch. 22:24, He. 11:36.)

Leemos de Job que pronunció estas extraordinarias palabras: «El Señor dio, el Señor quitó; sea el nombre del Señor alabado» (Job 1:21). Había sentido y expresaba el dolor y pena a causa de las noticias de todas aquellas catástrofes. En realidad mostró su aflicción y dolor claramente: «Entonces Job se levantó, rasgó su manto, rasuró su cabeza, se postró en tierra en humilde adoración» (v. 20). Puede que este sentido de lo cortante del dolor pueda por un momento enturbiar nuestra visión espiritual. Sabemos que nuestro Sumo Sacerdote celestial lo comprende, porque fue afectado por nuestras debilidades (He. 4:15). La agonía de la prueba puede enturbiar nuestra visión. Pero el que mantiene su confianza en Dios no puede ser comparado con quien entra en una oscura cueva, y es hecho cautivo en ella por la desesperación, pues los caminos del Señor son, a lo más, un túnel, estrecho si se quiere, con recovecos y curvas, pero al final, al otro lado hay luz, gloriosa y brillante.

Este «después» podemos experimentarlo de modo anticipado, cuando aún estamos en camino. Los sufrimientos son simiente que da fruto de paz y justicia. El que ha sido ejercitado en las dificultades dará abundante cosecha. Su corazón es inundado por la paz, hay verdadera justicia que satura su alma. Este es el fruto apacible, éste es un estado de «justicia».

Cada vez que salimos bien de una prueba hacemos progreso en nuestra vida espiritual. Los ángeles de Dios nos sirven después de cada victoria (cp. Mt. 4:11). El crecimiento en la santificación aumenta nuestro gozo.

El fruto apacible de justicia crece en el árbol de la tribulación, al parecer silvestre y hosco. El fruto celestial de este árbol es «justicia» en cuanto a su carácter y «paz» en cuanto a su sabor. Dios obra en nosotros una justicia en nuestra vida práctica y nuestra conducta que está basada en la justicia recibida por la fe en nuestro señor Jesucristo, de Dios (Fil. 3:9).

La justicia produce paz, santidad, pureza y gozo. El carácter de la nueva vida es justicia, la armonía interior y su gozo son paz.

Quizá la expresión «paz» como fruto de la justicia retrocede a los primeros versículos de Hebreos 12, en que se menciona la palestra de la fe. Al final de la lucha, cuando ésta ha sido ganada, gozaremos del fruto de la justicia: paz.

> *Luz tras la oscuridad,*
> *Ganancia tras la pérdida,*
> *Fuerza tras la debilidad,*
> *Corona después de la cruz,*
> *Lo dulce tras lo amargo,*
> *Esperanza después del temor,*
> *El hogar después del peregrinaje*
> *Alegría después de las lágrimas.*
>
> *Gavillas tras de la siembra,*
> *El sol después de la lluvia,*
> *Claridad tras el misterio*
> *Paz tras la agitación,*
> *Gozo después de la pena,*
> *Calma tras la tempestad,*
> *Descanso tras la fatiga,*
> *Descanso, descanso al fin.*

(FRANCES RIDLEY HAVERGAL)

Lo que parece estorbar, en realidad nos favorece. «¿No nos someteremos mucho mejor al Padre de los espíritu, y viremos?» (He. 12:9). Esto significa «vivir», en el sentido profundo espiritual de la palabra. «Vida» no en el mero sentido de existir, sino de ser llenos de fuerza, gozo, sentido, propósito, sí, ser llenos de Dios y de Cristo.

«La tribulación no destruye la fe sino que la confirma. La tribulación no es un mensajero de la ira de Dios sino de Su bondad. La tribulación no nos excluye de nuestra comunión con Dios, sino más bien nos prepara para el pleno goce de Su gloria en Su presencia.»

La fe cree a pesar y en contra de todos los razonamientos humanos. La fe sabe que, aunque parece que Dios «toma», en realidad «da». En realidad, por el hecho de «tomar» está «dándonos» algo. Pero da a Su manera, diferente de la nuestra. Cumple nuestras expectativas cuando al parecer nos está desengañando. Sus métodos son más prudentes que los nuestros; Sus pensameintos son más altos que los nuestros (Is. 55:9), y El tiene siempre razón. Por esto le alabaremos eternamente un día.

María lloró ante la tumba abierta del Señor. Ella contemplaba su pérdida; no había ni aun el cadáver de su Maestro. Y con todo, la tumba vacía era la prueba de la resurrección de Jesús, la señal de victoria, y ella si lo hubiera entendido, tenía motivo para estar gozosa. Pero vino un «después», en que las lágrimas se transformaron en júbilo: (Mt. 28:8) «¡María!» — «¡Rabuní!» (Jn. 20:16). ¡Cuánta emoción hay en estas palabras! Y después de comprender el verdadero significado de la tumba vacía, pudo ser un testigo de la resurrección, proclamar el potente triunfo de la vida, testificar el victorioso poder el Resucitado! (Lc. 24:10).

Por tanto, para el redimido todo tiene un doble aspecto: *Naturaleza* y *Fe*. Desde el punto de vista natural vemos la pérdida; la fe ve la ganancia. Lo natural ve la muerte; la fe, la resurrección y la vida. La naturaleza ve la tumba; la fe, la resurrección. La naturaleza ve los recuerdos; la fe, la gloria venidera. La fe se vuelve expectativa y esperanza gozosa. Es esperar el día de nuestra redención final y ser revestidos de gloria.

Llegará el día de un real y verdadero «después». Lo alcanzarán los que corren y luchan en la palestra de la fe. Cuando habrá coronas a conceder y el corredor alabará al Capitán de su fe, especialmente por las dificultades que ha tenido que vencer en su camino, dispuestas por el Organizador de la carrera. En Su sabiduría sabía que estos obstáculos iban a vigorizar su energía espiritual, entrenarle de modo más seguro para llegar victorioso a la meta.

Amanecerá el día de la eternidad, que no conocerá tarde ni ocaso. Su sol se levantará y brillará la luz celeste, radiante y clara como el pleno día de la gloria de Dios. Entonces adoraremos al que nos ha guiado aquí abajo. Le alabaremos por Sus caminos y métodos, le admiraremos por Su sabiduría y gozaremos Su amor sin fin y veremos Su faz que nos llenará de felicidad sempiterna.

6

Prosiguiendo hacia la meta

> Por lo cual, levantad las manos caídas y las rodillas paralizadas; y haced sendas derechas para vuestros pies, para que lo cojo no se desvíe, sino que sea sanado. Seguid la paz con todos, y la santidad, sin la cual nadie verá al Señor. Mirad bien, no sea que alguno se rezague y no llegue a alcanzar la gracia de Dios; que brotando alguna raíz de amargura, os estorbe, y por ella muchos sean contaminados. (Hebreos 12:12-15.)

EL CRISTIANISMO es la eternidad en el tiempo. Con la aparición de Cristo fue plantado un nuevo tallo en el suelo reseco del mundo del hombre. Y todos los que han sido injertados de el han pasado a ser participantes de la vida eterna. De este modo los cristianos han hallado la fuente de la eterna juventud. La vida de la fe genuina nunca envejece. «Aunque éste nuestro hombre exterior va decayendo, el interior, no obstante, se renueva de día en día» (2.ª Cor. 4: 16). «Los que esperan a Jehová tendrán nuevo vigor; levantarán el vuelo como las águilas; correrán, y no se cansarán; caminarán, y no se fatigarán» (Is. 40:31). Una vida de fe realmente sana es como el que corre una carrera sin hallarse más fatigado al final que al comienzo.

¡Y, sin embargo! Los cristianos de la carta a los Hebreos

se habían cansado. Después de un fructífero principio (He. 10:32), su vida interior se había ido marchitando. Su asistencia a las reuniones había decrecido (He. 10:25). Sus manos estaban caídas y sus rodillas paralizadas (He. 12:12). Su vida de fe ya no podía ser comparada a uno que corre en la pista sino al lento arrastrarse de una persona exánime. En vez de mirar a la meta, volvían los ojos a los tiempos pasados. En vez de mirar adelante, a la consumación de la venida de Cristo, miraban atrás, a la época de la preparación en el Antiguo Testamento. En vez de considerar las glorias del Espíritu y el cumplimiento de toda la profecía en la persona y obra de Cristo, estaban suspirando por los tipos y símbolos del servicio divino del Antiguo Pacto, que habían conocido y les parecía tan hermoso e impresionante. Así que la gloria de la gracia se velaba. Les parecía deseable regresar a la ley. El peligro de que se «endurecieran» había aparecido (He. 3:13). En realidad, se les dijo: «Mirad, hermanos, que no haya en ninguno de vosotros un corazón malo de incredulidad para apartarse del Dios vivo» (Heb. 3:12).

¿Cómo se les podía ayudar?

Sólo renovando el contacto con la Fuente de Poder. La gloria abundante y la realidad de la salvación del Nuevo Testamento tenía que aparecer ante sus ojos como una visión renovada. Debían ser llevados a reconocer que el abandonar el terreno de la gracia significaba vaciarse a sí mismos, el volver a lo viejo era hundirse, regresar al pasado era perder el futuro. Sólo la gracia les podía guiar a su objetivo. Sólo el tipo de salvación del Nuevo Testamento les podía garantizar la prometida gloria eterna.

Por esta razón el propósito principal de la Epístola a los Hebreos es, en esencia, un mensaje de «reforma». No hay duda de que Hebreos contiene gran cantidad de doctrina. En realidad es el documento del Nuevo Testamento que nos da una visión más profunda en las relaciones internas entre la preparación y el cumplimiento, la sombra y la realidad, los sacrificios antiguos y el sacerdocio nuevo de Cristo. Pero su objetivo principal no es la instrucción sino la renovación, no la presentación doctrinal sino la restauración práctica, no guiar a los lectores al conocimiento de la plena salvación, sino guiarlos de nuevo a lo que ya habían experimentado al principio de su vida cristiana. El lector es exhortado no a aceptar la salvación, sino a mantenerla con firmeza. No se trata de «formar» sino de «reformar».

Por esta razón Hebreos es la carta hermana de Gálatas. Las dos epístolas tienen el mismo propósito «reformador».

En Gálatas (como en Hebreos) se dice al lector que está en peligro de caer desde las alturas de la salvación del Nuevo Testamento a los estadios introductorios del Antiguo. La diferencia principal es que los cristianos de Galacia eran en su origen paganos, mientras que los hebreos eran israelitas que habían aceptado el Mesías, posiblemente incluso sacerdotes o levitas (Hch. 6:7).

Esto no implicaba una diferencia en la presentación del problema. «La ley y la gracia» es el tema de las dos cartas, pero en la carta a los Gálatas la referencia especial es a las *leyes morales* de la dispensación mosaica, mientras que en los Hebreos se habla especialmente de las *leyes ceremoniales*. La Epístola a los Gálatas se refiere principalmente a jurisdicción; los Hebreos, a culto y adoración (el servicio divino).

En Gálatas, Pablo indica que no se pueden alterar legalmente documentos testamentarios que han sido ya reconocidos oficialmente (Gá. 3:15-20), y habla de las formas legales de educación antiguas (Gá. 3:23-29), y de las respectivas posiciones de los esclavos y los hijos menores de edad (Gá. 4:1-7). Así pues, en Gálatas se usan imágenes y comparaciones de la *práctica legal*, pero Hebreos (especialmente capítulos 5 al 10) se refiere más al *lenguaje simbólico* de las formas de servicio divino del Antiguo Testamento, al sacerdocio, sacrificio y tabernáculo. Los Gálatas nos coloca ante un tribunal de justicia; Hebreos, en un templo.

Pero el tema es el mismo; la relación entre la ley y la gracia, la mayor gloria de la gracia, concedida gratuitamente, y como resultado, la santa exigencia y la amonestación: «¡No se puede volver atrás!» «Retén lo que tienes, para que ninguno tome tu corona» (Ap. 3:11).

I. PODERES PARALIZANTES

¿Cómo ocurrió que los cristianos hebreos perdieran su original frescura y vigor en la fe? ¡Cuán felices habían sido al principio! ¿Qué es lo que no habrían hecho por Cristo en aquellos primeros días? Habían recibido en sus casas a los testigos de Cristo perseguidos (He. 10:33). Incluso la pérdida de sus posesiones a causa de confesar a Cristo la habían sufrido sin quejarse, más aún, regocijándose en ello: «sufristeis con gozo el despojo de vuestros bienes» (He. 10:34).

Y ahora, todo era distinto. En vez de la frescura y vigor, sus manos estaban caídas, y en vez de avanzar, estaban paralizadas. Ya no avanzaban, no corrían en la pista, sino que estaban parados, estancados. Incluso algunos se habían apartado (He. 12:12, 13). El enemigo había empezado su obra paralizante.

1. **Las dificultades externas** habían sido el método usado por Satanás para debilitarlos y eliminar su gozoso testimonio de Dios. Tenían que enfrentarse con acerbo odio contra Cristo. Eran despreciados; se mofaban de ellos. Pérdidas, ostracismo social, daño en sus negocios y profesiones, o sea, pérdida de sus derechos legales. Con ello el enemigo los había desgastado. No fue el primer choque del sufrimiento lo que le había dado el éxito, sino la continua presión de la persecución.

Sin embargo, no se había llegado aún al extremo de la persecución. No había corrido aún la sangre de los mártires. Y este hecho es usado por el autor de la carta para animarles: «Aún no habéis resistido hasta derramar sangre, combatiendo contra el pecado» (He. 12:4). Este pecado no debe entenderse el suyo propio, sino el pecado contra el que luchaban, del enemigo. Es decir: «La batalla no ha sido tan recia todavía que hayáis tenido que derramar vuestra sangre. Todavía no se ha llegado aquí, aunque las cosas sean tan serias.»

En cambio, les recuerda, otros sí llegaron a este sacrificio. En el capítulo precedente, Hebreos 11, se habla de que algunos fueron «torturados», otros «apedreados, aserrados, puestos a prueba, muertos a filo de espada»; y no habían aceptado ser librados de ello, aunque lo habrían conseguido fácilmente, negando la fe, con una sola palabra (véase He. 11:35-37). Esperaban «obtener una mejor resurrección» que esta liberación. Por tanto, ellos, los hebreos, no debían exagerar sus dificultades y sufrimientos, por más que, repetimos, su situación era seria.

¿No tenemos que hacer hoy la misma exhortación? ¿Qué son nuestros sufrimientos comparados con los que sufrieron en tiempos pretéritos los héroes de la Iglesia?

En mis viajes he visitado lugares en que en tiempos de antaño los cristianos sufrieron por su fe. Pensemos en la espantosa cárcel subterránea cavada en la roca, en la fortaleza de Spilberg en Brünn (Moravia). O en Praga, donde hay 27 cruces, compuestas de piedrecitas en el pavimento, frente a la Casa de la Ciudad, recordándonos el «Juicio Sangriento» de Praga (1620, dos años después del comienzo de la Guerra de los Treinta Años). Este fue el punto en que fueron decapitados los 27 líderes protestantes. Pensemos en la Torre de la Sangre, en el Támesis, en Londres, en que se pueden ver las palabras de consuelo grabadas en las paredes por aquellos que estaban encarcelados en ella. O en la plaza de Florencia, donde Savonarola fue quemado. Recordemos las antiguas catacumbas de Roma, y las persecuciones de los primeros cristianos, el Coliseo en Roma, y los miles destrozados por fieras. Hace pocos años estuve en el cementerio de un pueblecito escocés, Kilmarnock, junto a las tumbas de siete personas que derramaron su sangre por su fe evangélica, hace 300 años. Poco antes habíamos dado testimonio público en otro lugar de gloriosa memoria: el sitio en que fue ejecutado en 1688 el covenantario John Lisbet, que había prometido no negar el «pacto» bíblico de fe, y que por ellos sufrió sentencia de muerte. Allí mismo había sido erigida la horca. Muchos de estos heroicos covenantarios escoceses sellaron con su sangre el «pacto» de no negar a Cristo a Su Palabra. Y ahora, al cabo de los años, nosotros proclamábamos todavía el mismo mensaje por el que ellos habían dado sus vidas.

¡Qué pequeño se siente uno en estos lugares! Hay un sentimiento de veneración y reverencia por aquellos héroes en quienes se manifestó tan poderosamente la potencia de Cristo. Estos hombres y mujeres estaban dispuestos a dar su vida mientras nosotros amamos las componendas. Tenemos que quedar en desventaja, no conseguir un ascenso, o queremos evitar un comentario sarcástico, o un encogimiento de hombros, o que se rían de nosotros. En realidad estamos donde estaban los hebreos: no hemos resistido todavía hasta la sangre. Por tanto, exageramos nuestras dificultades, aunque queremos creer que estamos dispuestos a todo, venga lo que venga.

La fatiga de los cristianos hebreos no era debida a la dificultad externa, sino a la debilidad interna. Y ésta era la verdadera raíz del peligro.

2. **La debilidad interna y las señales de fatiga.** La vida de oración había aflojado; el número de los que asistían a las reuniones, disminuido, y su energía espiritual estaba decaída. Eran como un peregrino que, enardecido por abandonar la «Ciudad de Destrucción» y dirigirse a la Jerusalén celestial, se ha cansado en el camino y no consigue seguir andando a causa de sus «rodillas paralizadas» (He. 12:12).

Su situación era la de un corredor cansado que se ha sentado a la vera de la pista. Estaban a punto de abandonar. El mundo empezaba a atraerlos, la gloria del culto religioso anterior los seducía, y el sol de la gloria de Cristo brillaba para ellos con luz incierta. Su vida de santificación era problemática. Así que era necesario exhortarlos: «Seguid... la santidad, sin la cual nadie verá al Señor» (Heb. 12:14). «*Corred la carrera*» (v. 1).

¿Qué diremos de *nosotros*? Desde luego, no tenemos autoridad para reprender a los cristianos hebreos. ¿No es éste, precisamente, nuestro estado? ¿Dónde está nuestro celo? ¿Cuántas veces y con qué intensidad oramos? ¿Asistimos regularmente a las reuniones de oración de nuestras iglesias y asambleas y nos esforzamos a luchar en la batalla del Señor por medio de la oración? ¿No tenemos las rodillas paralizadas? ¿Vigilamos a los otros peregrinos para darles una mano con amor? ¿Buscamos la paz con todos? ¿Deseamos ser una bendición para otros? ¿No nos estamos ya cansando? Las luchas y controversias entre creyentes son un signo de debilidad espiritual. En vez de usar la energía para atacar al enemigo, hemos caído víctimas de «agentes secretos» mandados por las huestes demónicas, detrás de nuestras propias líneas, para sembrar discordias entre nosotros.

¿Cómo podemos sobrepujar estas dificultades? ¡Esta situación de desmayo no puede ser tenida por normal entre cristianos sanos!

Sólo una reforma continua puede ser suficiente, una visión de Cristo renovada, una devoción despabilada, una entrega total y fresca de nuestra vida al Señor.

«¡Puestos los ojos en Jesús!»

II. PODERES VIVIFICADORES

«Por lo cual, levantad las manos caídas y las rodillas paralizadas» (He. 12:12).

El cuadro del principio de nuestro capítulo es todavía válido probablemente. No podemos «correr» en la pista de la fe, «proseguir» adelante en el objetivo de nuestra santificación —como los versículos siguientes nos intiman a hacer— si nuestras rodillas están débiles y nuestras manos caídas. Los «encuentros de lucha» requieren brazos fuertes, las «carreras de atletismo» exigen rodillas ágiles.

Por ello se necesita una renovación real y a fondo de la fuerza en el poder de Dios. Esto nos dicen en elegante verso poético las siguientes líneas, que suenan como un clarín para despertar a los rezagados:

Y haced sendas derechas para vuestros pies,
para que lo cojo no se desvíe,
sino que sea sanado.

El mirar a Jesús *renovará nuestra fuerza*, hará desaparecer la fatiga y la parálisis. Los que se hallan heridos serán «sanados» (He. 12:12, 13). Tenemos la medida para evaluar nuestras tribulaciones y problemas: las hemos de considerar en serio, pero sin exagerarlas. Esto siempre indica fatiga. Pero al mirar a Jesús recibimos fuerza. Después de todo, la extensión de nuestros sufrimientos no es designada por el enemigo sino por el Señor. El Gólgota demuestra que Dios nos ama, y ¿no nos dará Dios, que no eximió ni a su propio Hijo, también, con El todas las cosas? (Ro. 8:32). Esto nos da ánimo, viendo al que venció en la cruz, Emanuel, Dios con nosotros, y experimentamos la verdad de las palabras del profeta: «El Señor Dios que está en medio de ti es poderoso». Y «la luz está implantada dentro del justo, y la alegría en los rectos de corazón» (Sal. 97:11).

El mirar a Jesús nos *da paz y comunión*. El desgaste de la lucha nos agota. Los conflictos nos roban el ánimo. La controversia centrada en el amor propio y otras cosas de valor ilusorio consume nuestra energía espiritual. Esta es la conexión entre la necesidad de vencer todos los signos de fatiga y la exhortación: «Seguid la paz con todos» (He. 12:14).

Con la palabra «seguid», proseguid *(diokete)*, el escritor de Hebreos resume el cuadro de una carrera que vimos al principio del capítulo. Pablo usa la misma palabra dos veces en Filipenses 3, cuando describe la vida cristiana como una carrera santa con el mayor detalle: «¡Prosigo... prosigo! *(dioko)* hacia la meta» (vv. 12-14). Como Pablo, que en Filipenses 3 tenía puesta la mira en la *meta*, el premio celestial, también el autor de Hebreos considera el vivir en paz con todos los hombres como un objetivo *inmediato* necesario para alcanzar esta meta final. «El creyente ha de avanzar en paz, con el mayor celo, como corredor, si ha de alcanzar la corona. En un mundo caracterizado por la codicia y las contiendas éste es en verdad difícil de conseguir. No se obtendrá por casualidad, sino sólo si se persigue como un objetivo deseable, valioso, y por el que vale la pena de hacer toda clase de sacrificios» (G. H. Lang).

Las dificultades entre los cristianos siempre pueden ser resueltas. El mirar al Reconciliador hace la reconciliación. No hay tiempo para luchar sino para amar.

«¡Puestos los ojos en Jesús!»

La «paz» se clasifica aquí con la santificación. «Seguid la paz con todos los hombres, y la santidad, sin la cual nadie verá a Dios.» El esforzarse por la paz nos pone en la actitud adecuada hacia nuestro *prójimo*; el esforzarnos por la santidad nos pone en la actitud adecuada hacia *Dios*. La paz nos da unidad y comunión aquí *abajo*; la santidad procede de la comunión con el Señor que está *arriba*. Las dos son indispensables. Pero ni la paz ni la santificación se ganan sin esfuerzo y diligencia. Las dos se obtienen sólo «corriendo» de modo firme. Por tanto: «¡Proseguid!»

La «paz» en el pleno sentido bíblico es más que la ausencia de lucha. La paz es armonía, obra interior, afinidad con los otros, comunión del corazón y amor.

La Iglesia nació del amor eterno. Debe su vida al acto de amor del Calvario. Vive *de* amor y, por tanto, tiene la orden de vivir *en* amor. El amor es pensar todos en uno, el deseo de comunión, la forma más elevada de unidad interior y sentida compenetración. Donde no hay este amor, toda unidad externa formal es un mero engaño y hacer ver lo que no existe.

Creemos en una Iglesia única, universal y santa. Sólo hay un fundamento: el sacrificio del Calvario; sólo hay un poder de Dios en ella: el revestimiento del Espíritu Santo. Sólo hay un objetivo y propósito: el arrebatamiento y el perfeccionamiento. Sólo hay un Señor y Maestro: Jesucristo el Redentor común. Por tanto, debemos también pensar en uno, tener una actitud de amor y a pesar de todas las diferencias entre nosotros, debemos hallar el camino de la paz entre nosotros. Debemos cultivar la unión práctica, ofrecer los unos a los otros la mano del amor fraternal y recibirnos como Cristo nos ha recibido.

El amor, sin embargo, no es simplemente «amar a distancia», por medio de lo cual uno se imagina estar en comunión con todo el mundo, pero olvidándose de buscar al hermano que se halla al lado. Esta noción de amor es muy nebulosa. Debemos guardarnos de pensar más en los ausentes que en los presentes.

El amor no es simplemente un asunto «denominacional». No basta con sentir entusiasmo por las muestras de unidad entre los varios círculos de creyentes, pero al mismo tiempo ser incapaz de tener comunión real con los hijos de Dios individualmente. El amor no es nada sentimental, o meramente una cosa de emociones. No es nada vago e indefinido, sino muy real. El amor es *voluntad*, es acción práctica, es energía de Dios con propósito, es una manifestación de lo divino en medio de lo terreno aquí abajo.

El amor busca al hermano. El amor cree en la obra de Cristo en el alma, y debemos humillarnos profundamente y arrepentirnos, ante Dios y los hombres, confesar que hemos sido tardos en buscar al hermano, y que, con toda nuestra fe en Dios, en este sentido nuestra fe es ha quedado corta.

El amor es capaz de entender las rencillas entre los hermanos. El amor olvida el pasado y hace borrón y cuenta nueva. El amor mata todas las divisiones con el poder de la vida de Dios. El amor es el alma de la paz y la comunión entre los hermanos. El amor los une. El amor junta los corazones y los guía a la fraternidad en el trabajo en lo local y lo distante, en nuestras asambleas e iglesias así como el campo de misión. El amor dirige al esfuerzo combinado a fin de alcanzar los grandes objetivos de Dios.

Cada uno de nuestros prójimos debe ser comparado a un espejo. Refleja aquello ante lo cual se halla situado. Cada acto hostil por nuestra parte causa una sombra en la cara del otro, aunque sea momentánea; cada acto cariñoso es un destello de luz, un resplandor que se reflejará en tu propio corazón. «Al gozo por el servicio» —estas palabras del viejo «padre Bodelschwingh» deberían estar grabadas en nuestros corazones, voluntades y almas.

El amor y el servicio son fuerzas que unen a los corazones. Las personas frías, irradian frío; la gente cordial, crea una atmósfera cálida alrededor de ellos. ¿En qué suerte de relación te hallas tú con respecto a tu ambiente? ¿Te sientes tratado de modo frío o cálido por los otros? En cada caso, puedes buscar en tu propio corazón la causa de ello.

Nuestra búsqueda de paz y santidad nos permite al mismo tiempo servir a los otros. Aquí también son claras las relaciones en el texto bíblico: «Seguid la paz con todos, y la santidad... Mirad bien, no sea que alguno se rezague y no llegue a alcanzar la gracia de Dios» (He. 12:14, 15). Sólo él que se esfuerza en pos de la santidad, que trata de vivir en armonía con su prójimo, tiene la autoridad y capacidad de servir a los otros. Sólo el servicio hecho con esta actitud en la mente tiene la posibilidad de dar fruto. Y esto nos lleva a otras consideraciones.

El mirar a Jesús *nos lleva a nuevas comisiones*. Nuestros ojos empiezan a ver las necesidades y aflicción que nos rodea. Reconocemos nuestra responsabilidad de ser activos en ayuda de los que nos rodean en tanto que vemos personas débiles, cansadas, agotadas. Empezamos a ver la necesidad y posibilidad de cuidado fraternal mútuo y de disciplina. Al mirar a la mayor prueba de amor en la historia del universo, se nos abren los ojos a la necesidad, privilegio y oportunidades de dar prueba práctica es este amor vigilante y servicio abnegado en el cuidado espiritual y corporal mútuo. El mirar a Jesús nos da una nueva perspectiva respecto al mundo. Se nos abren los ojos. «¡Mirad diligentemente!» «¡Levantad las manos caídas y las rodillas paralizadas!»

En el contexto es evidente que no se trata tanto de las manos y rodillas del *lector*, como si le exhortara a hacer una nueva decisión para vigor y vida, sino que se habla de las manos y rodillas de los *otros*. Los lectores deben ayudar a que los otros sean vigorizados, «que los pies del cojo no se desvíen, sino que sean sanados» (v. 13) «Fortaleced las manos débiles, afianzad las rodillas vacilantes. *Decid* a los de corazón apocado: Esforzaos, no temáis.» Este pasaje lo encontramos en palabras equivalentes en Isaías 35:3, 4.

Puede que muchos de tus vecinos sean apocados y vacilen espiritualmente. Recuerda que tú debes ser el medio, en las manos de Dios, para su restauración y vigorización. No pases de largo ante estas necesidades internas y externas. Tus ojos deben ver los peligros. El mirar a Jesús agudiza nuestra vista respecto a las necesidades de los hermanos. «Mirad bien, no sea que alguno se rezague y no llegue a alcanzar la gracia de Dios; que brotando alguna raíz de amargura, os estorbe, y por ella muchos sean contaminados; no sea que haya algún fornicario, o profano, como Esaú, que por una sola comida vendió su primogenitura» (He. 12:15, 16). «Y considerémonos unos a otros para estimularnos al amor y a las buenas obras» (He. 10:24).

En este espíritu de amor seamos cristianos activos. Despertemos del sueño de nuestra piadosa indolencia egocéntrica. No basta con afirmar los mandamientos de Dios meramente con nuestros sentimientos. Nuestra vida cristiana debe tener músculos. Nuestra fuerza debe ser evidente en la vida de cada día. Dios y el mundo quieren ver actos.

Pero el trabajar cuesta esfuerzo. El que esquiva el calor del día no es un trabajador. El que se está sentado como espectador nunca se llevará el premio. Hay que movilizar toda nuestra energía cuando corremos en la pista. Incluso en la vida ordinaria usamos la expresión: «Lo que vale la pena hacer, vale la pena hacerlo bien.» El trabajo que hacemos por otros, pero que no nos cuesta nada, apenas vale nada. Por ello las Escrituras nos dicen que debemos dar con «toda diligencia» (2.ª P. 1:10), que hemos de luchar, proseguir (cp. Fil. 3:12), que hemos de «trabajar en amor», que hemos de tener «celo en las buenas obras» (Tit. 2:14). Holgazanes los hay por todas partes. Hay espectadores perezosos, críticos pasivos, pero, «los obreros son pocos», dice el Señor (Mt. 9:37). Y ¿qué clase de persona eres tú, lector? ¿Eres un obrero o un espectador? ¿Eres un luchador activo o simplemente un mirón?

El trabajo requiere abnegación. Son muchos los que tienen interés en ser activos por Cristo y Su obra, en tanto que esto no implica sacrificios. Esta clase de servicio tiene muy poco valor: «Porque el que quiera salvar su vida la perderá» (Mt. 16:25). Sólo aquellos que siembran con lágrimas son los que recogerán con gozo (Sal. 126:5). Podemos hacer trabajo ligero, que no nos cueste esfuerzo, dolor o sacrificio; pero si éste es todo nuestro trabajo por Cristo, no nos sorprendamos si el día de la gran cosecha nos hallamos con las manos vacías.

Sin embargo, el objetivo de este amor mútuo espiritual no es meramente la recuperación del individuo, sino la preservación y protección del conjunto. Este es el sentido de las palabras: «que brotando alguna raíz de amargura, os estorbe, y por ella muchos sean contaminados». Esto no significa que este pastoreo mútuo vaya a impedir que aparezcan sentimientos hostiles o amargos entre los individuos, por más que esto, naturalmente, pueda ser conseguido por el interés y cuidado mútuo. Pero aquí no se trata de esto. A lo que se refiere es a «personas», a quienes denomina con la palabra «raíces», según vemos en Deuteronomio 29: 18 y que era bien conocido por el pueblo judío, por haberlo leído en la ley.

«No haya en medio de vosotros raíz que produzca hiel y ajenjo.» Esto se aplica (según se ve en la primera parte de Deuteronomio 29:18) a personas: «No haya, pues, entre vosotros varón o mujer, o familia o tribu, cuyo corazón se aparte hoy de Jehová nuestro Dios, para ir a servir a los dioses de estas naciones». Sigamos en el versículo 19: «Y suceda que al oír las palabras de esta maldición, él se bendiga a sí mismo en su corazón, diciendo: Tendré paz.» Pero Dios no le perdonará. «No querrá Jehová perdonarlo, sino que entonces se encenderá la ira de Jehová y Su celo sobre el tal hombre» (v. 20). La relación es evidente, y se ve que se habla de personas, que pasan a ser piedras de tropiezo para los demás.

Es posible, pues, que un miembro del pueblo de Dios «se rezague», o sea, no llegue a alcanzar la gracia de Dios y ejerza una influencia perniciosa sobre los otros, infectándolos con su amarga savia y frutos. Por ello el cristiano que vive en un estado del corazón no espiritual, empozoña la viña del Señor, la Iglesia, como una raíz que produce hiel y ajenjo. Toda falla de un individuo es doble: le infecta a sí mismo, y es causa de que otros caigan. Otros en contacto con él quedarán contaminados. Esto hay que prevenirlo con cuidado espiritual mútuo. Por esto pastorear el alma del individuo es preservar y ayudar a toda la comunidad.

Tú mismo puedes ser una raíz de amargura. El cansancio en la vida espiritual es como una enfermedad infecciosa. Su fruto amargo empozoña la vida de otros. En la vida o ayudamos a los otros o les somos perjudiciales. Los elevamos o gravitamos sobre ellos; contribuimos a su santificación o su contaminación. De nosotros se irradia una influencia u otra, aunque sea de modo inconsciente. Somos «sal» en la tierra o somos una sustancia nociva, llevamos frutos dulces o amargos y venenosos, somos cauces de bendición o de daño.

Por otra parte, si te decides a servir santamente a los demás, puedes tener por seguro que en lo que eres bendición para los otros, esta bendición repercute en Ti. El avivar a otros te reaviva a ti. El vigorizar las rodillas vacilantes de otros hace desaparecer algún signo de fatiga que ya aparecía en ti. El que ama a su «yo» ha envejecido espiritualmente. El egoísmo es la arterioesclerosis del alma. El servicio en amor nos conserva jóvenes, lozanos, ágiles.

Además, el poner los ojos en Jesús *nos da nueva inicia-*

tiva espiritual y poder de resolución. Notemos las voces de mando: «¡Levantad!», «¡Haced sendas derechas!», «¡Seguid!» (He. 12:12-14). El poseer una Biblia conduce a esfuerzo. El escuchar la voz de Dios impone obligaciones. Quizá muchos necesitamos nueva dedicación. No se despabila uno si va permaneciendo soñoliento. Hemos de despertarnos del sueño (Ef. 5:14). Hemos de responder a la llamada de Dios. Nuevas actitudes en la fe, una fidelidad incrementada. En este sentido espiritual profundo hemos de «volver siempre al principio», esto es, a Cristo mismo (1.ª Jn. 1:1).

Es verdad que con sólo buenas intenciones no se va muy lejos. Pero la Escritura nos dice claramente que «con propósito de corazón» debemos permanecer fieles al Señor (Hch. 11:23). Estos propósitos obrados por el Espíritu en el corazón son necesarios. Porque la devoción no es algo que Dios hace por nosotros sino que nosotros tenemos que hacer por nuestra parte. Cristo se consagró para que nosotros podamos seguir Sus pasos y del mismo modo consagrarnos a Dios. «Yo me santifico a mí mismo, para que también ellos sean santificados en la verdad» (Jn. 17:19). Puede que sea necesario que nos presentemos a solas ante Dios, inclinemos nuestras cabezas y doblemos nuestras rodillas, y consagremos de nuevo, en un sentido práctico, nuestra vida y nuestra voluntad al Señor. Esto no es, naturalmente, una «segunda conversión». Porque la conversión en el sentido del nuevo nacimiento tiene lugar sólo una vez en la vida y es la base para todo desarrollo espiritual ulterior. Pero es una nueva declaración de nuestra voluntad para vivir en una santificación más pura y más profunda, obrada por el Espíritu.

¿No nos ha ocurrido, después del nuevo nacimiento, que nos hemos vuelto tibios, superficiales y fatigados, hasta el punto de que las grandes cosas de nuestro Dios, las realidades trascendentales y prepotentes, ya no nos hacen mucha impresión? ¿No nos ha ocurrido que el mero reconocimiento de nuestra debilidad y nuestros fallos no nos ha estimulado el deseo para el progreso? Quizá hemos tenido demasiado miedo de hacer «buenas resoluciones» y no hemos tenido energía espiritual para llegar a un santo «propósito del corazón» (Hch. 11:23) y por ello hacer un nuevo comienzo con un acto definido de consagración personal. El despertar espiritual y el permanecer fresco y vivo no ocurren de modo automático o mágico. No, uno tiene que actuar, no de un modo mecánico, legal, sino decisivo, en fe. Empieza de nuevo y sirve a tu Redentor y Señor de nuevo y con fidelidad. Niégate a ti mismo y da testimonio de El. Luego; ¡persevera! Harás progresos por medio de la experiencia: aprenderás a orar orando, a dar testimonio, testificando, a servir, sirviendo, a ayudar, ayudando. Y tu vigor será renovado, tus días serán útiles y tu corazón rebosará felicidad.

Tú mismo tienes que quererlo, sin embargo, de modo real, y entregarte a ti mismo íntegro y sin reservas (Ap. 22:17). La Biblia no dice en ninguna parte que la voluntad del hombre debe ser «quebrantada». Estas expresiones suenan muy devotas y humildes y son, sin duda, dichas de modo sincero por los que las usan, pero en realidad nadie recibe ayuda con estos términos no escriturales —ni los que las creen ni los que no las creen, y sin duda menos los que se oponen y desprecian la fe cristiana. Lo que las Escrituras muestran es que la voluntad egocéntrica debe ser quebrantada, pero no la voluntad en sí; no nuestra energía personal, sino la rebelión del hombre contra Dios. En cuanto a la voluntad en sí, el principio regulador es que hay que alinearla con la voluntad de Dios. Nuestra voluntad debe permanecer siendo lo que es: voluntad, pero por el poder del Santo Espíritu debe querer lo que Dios quiere. Y en este «querer hacer la voluntad de Dios» pasará a ser una voluntad real y fuerte, esto es, la energía poderosa de una verdadera personalidad. En tanto que permanezca siendo «voluntad propia» no es realmente una voluntad, sino un juguete a manos de un gran poder pecaminoso que la oprime y la fuerza a hacer «su» voluntad (Ro. 7:19, 20). En el mejor de los casos era un esforzarse, buscar, desear, anhelar— porque el pecado nos degrada y nos enerva. Pero en Cristo nos despertamos para ser nosotros mismos. Sólo en El pasamos a ser «personalidades» en el sentido real planeado por Dios. Sólo al someternos al Señor de señores, recibimos una «voluntad» real y verdadera las criaturas.

Lo mismo hay que vencer los signos de fatiga en la vida de la Iglesia. Es un hecho que casi de modo regular se repite en la historia del pueblo de Dios que cada nueva generación de la Iglesia se acompaña de una crisis. Con frecuencia, ha fallado la tercera generación, especialmente, de un movimiento espiritual. Ha cedido y renunciado a sus energías espirituales, a las verdades bíblicas y las convicciones que los pioneros del movimiento, los padres de los avivamientos previos habían tenido y conservado como preciosas y santas. Esto se puede reconocer en la historia del Antiguo Testamento. «Y el pueblo había servido a Jehová todo el tiempo de Josué, y todo el tiempo de los ancianos que sobrevivieron a Josué [la segunda generación], los cuales habían visto todas las grandes obras de Jehová, que El había hecho por Israel... Y toda aquella generación también fue reunida a sus padres. Y se levantó después de ellos otra generación [la tercera] que no conocía a Jehová, ni la obra que El había hecho por Israel... Dejaron a Jehová el Dios de sus padres, que los había sacado de Egipto, y se fueron tras otros dioses» (Jue. 2:7, 10, 12). ¡Cuán serio es esto! No nos amodorremos nosotros en un falso sentido de seguridad. No hay ningún grupo de cristianos, proceda de una iglesia oficial o de una iglesia independiente, sea organizada o no organizada en el sentido estricto, que tenga garantía de que retendrá la lozanía y el vigor que tenía al principio. Cada nueva generación en las iglesias locales, así como en los movimientos espirituales debe «echar mano» (1.ª Ti. 6:12) por su cuenta, de modo directo, personal e individual, de las bendiciones que sus padres espirituales habían recibido. Las posesiones espirituales simplemente no se «heredan».

La Epístola a los Hebreos misma apareció como resultado de una crisis debida a una nueva generación. La carta fue un aviso, por el Espíritu de Dios, a esta segunda generación para que se mantuvieran firmes en la confesión y en el testimonio y vida de la primera.

Una «crisis» no tiene por qué ser una «catástrofe». Las pruebas son oportunidades para victorias. El poder de Cristo omnipresente, que no envejece, está a mano en los tiempos nuevos y a las nuevas personas.

Este es a la vez el significado del conocido versículo: «Jesucristo es el mismo, ayer, y hoy, y por los siglos» (He. 13:8). Esta palabra debe ser entendida en relación con Hebreos 11 y 12, y en relación con el propio contexto. Se acababa de decir: «Acordaos de vuestros pastores, que os hablaron la palabra de Dios; considerad cuál haya sido el resultado de su conducta, e imitad su fe» (v. 7). Inmediatamente sigue el versículo que habla del Señor como poderoso y eterno, en la historia y en el futuro.

Esto significa: los hombres aparecen y se van, las generaciones se hunden en la fosa, los líderes pasados ya no existen, pero Cristo permanece. En medio del sucederse de las generaciones El es la roca firme de la Iglesia, por encima de los cambios en las situaciones y las personas. El es quien enlaza las sucesivas generaciones. El es el lazo de unión entre este «ayer», «hoy» y «mañana». El principio personal que une la iglesia. Y esto es válido de la Iglesia mirada en un corte seccional, hoy; como longitudinal, a lo largo de la historia, las sucesivas generaciones en que se ha ido desarrollando, desde su fundación, hasta que será arrebatada y perfeccionada. Los cambios de detalles son accesorios; la esencia espiritual permanece idéntica. La muerte de los héroes de antaño (He. 13:7, 17, 24), no causó ninguna pérdida en la esencia de la vida y la fe del pueblo de Dios. Los maestros se van, pero la enseñanza permanece. Esto se puede leer en la tumba de John Wesley, en la Abadía de Westminster: «Dios entierra a Sus obreros, pero la obra sigue.» No nos cansemos, pues. ¡El Señor está aquí!

Vi hace años al visitar en Stuttgart (Alemania) la viuda del escritor cristiano, profesor Bettex, un cuadro que él mismo había pintado. Era una roca embestida por poderosas olas, pero éstas solo conseguían ver quebrantado su poder y ser hechas espuma. La roca permanecía inconmovible.

Cristo es la Roca de los Siglos, del que hablan las numerosas obras apologéticas de Bettex. Las olas de la duda y el odio se embravecen contra la Roca, pero no prevalecen contra ella.

Así da Cristo la victoria a los suyos. Los enemigos pueden meter a sus siervos en la cárcel, asarlos, congelarlos en las estepas nórdicas, aserrarlos, apedrearlos (He. 11:37), pero el resultado es como el de la experiencia del horno ardiendo: con ellos se halla Uno que ha bajado del cielo y los preserva (Dn. 3:20-27). Que los preserva, a veces físicamente, a veces espiritualmente. «Los que miraron hacia El fueron alumbrados y sus rostros no fueron avergonzados (Sal. 34: 5). «Pero en todas estas cosas somos más que vencedores por medio de aquel que nos amó» (Ro. 8:37).

Esto nos da ánimo, estímulo e incentivo santos. Si Cristo es una roca tan firme, nuestros corazones no deben estremecerse (He. 13:9). Cristo no olvida a Su pueblo y los suyos no deben olvidarle. Las nuevas generaciones deben tener esto en cuenta. El «hoy» de la Iglsia está obligado a su «ayer» y ambos están obligados a la fidelidad a Cristo que es siempre el mismo. Por esto la relación de los antiguos líderes y la referencia al eterno Salvador (He. 13:7, 8) va seguida inmediatamente de una exhortación al ánimo: «Buena cosa es afianzar el corazón con la gracia» (v. 9).

El recuerdo de los antiguos fieles nos impulsa a mantenernos fieles nosotros. Nuestra vida es corta. Lo terreno no es lo verdaderamente real. Lo que cuenta de veras no está en el pasado ni en el tiempo, sino en lo eterno, que ahora es el futuro. Prosigamos, pues, no confiando en nosotros sino mirando a Cristo. «Por esto, teniendo nosotros este ministerio según la misericordia que hemos recibido, no desmayemos» (2.ª Cor. 4:1).

Cuando al final de su vida Abraham, anciano, mandó a su criado a buscar esposa para su hijo Isaac entre sus parientes, en Mesopotamia, el criado le preguntó: «¿Quizá la mujer no querrá venir en pos de mí a esta tierra? ¿Volveré, pues, tu hijo a la tierra de donde saliste?» (Gn. 24:5). Abraham contestó: «Guárdate que no vuelvas a mi hijo allá. Si la mujer no quiere venir en pos de ti, serás libre de este mi juramento; solamente que no vuelvas allá a mi hijo» (vv. 6, 8). Nos parece oír el énfasis y energía de Abraham.

«¡Guárdate!» «¡Solamente que no vuelvas allá a mi hijo!» Estas expresiones nos indican la intensidad de su decisión. El padre de los fieles exigía que las nuevas generaciones reconocieran la irrevocabilidad de la vocación patriarcal. A la primera generación debía seguir la segunda y la tercera. Los hijos debían estar a la altura de los padres y administrar su herencia en la fe con fidelidad.

Con frecuencia deploramos (y con razón, por desgracia),

que el pueblo de Dios en nuestros tiempos muestra poca vida y celo por Cristo. Les falta el espíritu de avivamiento de los últimos veinte años de la pasada centuria, en que se vio más la poderosa obra del Espíritu Santo. En aquellos tiempos muchos más fueron despertados del sueño del pecado si lo comparamos con el día de hoy. Había líderes y pastores en la vida cristiana pública y privada en una medida que desconocemos hoy. Pensamos en los tiempos de Finney, Moody, Torrey, Baedeker, Muller, Spurgeon y otros. Pero después de lamentarnos no hacemos nada más. A nuestro lamento le falta el vigor, el estar lleno del Espíritu. Esperamos y aún probablemente oramos por un avivamiento. Y en último análisis acabamos creyendo que si no existe este avivamiento generalizado es porque Dios no lo manda, simplemente, como respuesta a nuestras oraciones.

¡Y, sin embargo, la situación es muy distinta!

En ninguna parte de la Biblia se nos dice que debemos esperar para que llegue un avivamiento. Tiene que haber avivamientos, pero la actitud de los hijos de Dios respecto a ellos no ha de ser de espera. Las Sagradas Escrituras nunca hacen énfasis en que la santidad práctica o el testimonio sea cosa del futuro, próximo o distante. Lo que nos traen es un Cristo *presente*, un Cristo que desea hacer nuestra vida fructífera y llenarnos con Su poder *hoy* y *ahora*. Porque si el avivamiento ha de venir dentro de algunos años (y ojalá Dios lo mande también) ¿qué vamos a hacer entretanto? No, no nos olvidemos de «hoy». El pasado son recuerdos; el futuro, esperanzas; lo que *poseemos* es el *presente*. El dominar el presente es dominar la vida. Si no servimos al Maestro *hoy*, no hay garantía de que le sirvamos *mañana*.

Los negocios del Rey son cosa urgente. Lo que podamos hacer hoy no lo dejemos para mañana. Si el Espíritu nos incita a dar testimonio para el Señor a fin de ganar un alma para El, obedezcamos *hoy*. Cuando llegue mañana el enemigo hallará mil razones para que no sigamos la voz de Dios. Está en el espíritu del verdadero servicio a Dios el que nos decidamos a hacer Su voluntad *hoy*. «Todo lo que esté al alcance de tu mano, esmérate en hacerlo según tus fuerzas» (Ecl. 9:10). «Hijo, ve a trabajar *hoy* en mi viña» (Mt. 21:28).

Entonces vendrán nuevas bendiciones. Cuando tú seas despertado, podrás despertar a otros, y aparecerán pequeños círculos de cristianos espiritualmente despiertos, pequeñas células, de las cuales se irradiará la luz. Tú debes pertenecer a las tales. El Señor quiere usarte hoy, aunque quizá, a los ojos de los hombres tu posición no sea encumbrada, simplemente porque Dios quiere que hagas un servicio quieto y retirado a Su causa. En la eternidad te sorprenderá el que Dios pudiera hacer tanto a través de ti por el mero hecho de que te consagraras a El, y le permanecieras fiel hasta **realizar tus objetivos. Esta** es la voluntad de Dios. Esta debe ser, pues, tu decisión *hoy* y debes empezar enseguida.

Leemos en la historia de Isaac: «Y volvió a abrir Isaac los pozos de agua que habían abierto en los días de Abraham su padre, y que los filisteos habían cegado después de la muerte de Abraham; y los llamó por los nombres que su padre los había llamado (Gn. 26:18).

Esta es nuestra situación espiritual. Nuestros padres en la fe cavaron «pozos» y les pusieron nombres. El pozo de la palabra de Dios, el pozo de la oración, el pozo de la comunión de los santos, el pozo del testimonio poderoso, el pozo del servicio misionero... todos ellos pozos vivos, celestiales, de los que manaba agua que mantenía sus vidas de fe lozanas, y los mismo las de sus iglesias.

Pero vinieron después de esta generación los filisteos: el pecado, la mundanidad, las rencillas entre hermanos, la tibieza, la falta de interés, la desidia, la cobardía en el testimonio, la escasez de espíritu misionero... y los pozos de nuestros padres quedaron cegados. El resultado fue que se marchitó la vida de fe, faltó la oración y el testimonio fue estéril, hubo estancamiento espiritual en la vida de la iglesia, y sujeción a la servidumbre de las tradiciones de los hombres, se estrechó el horizonte.

¿Qué hemos de hacer?

Volver a cavar los pozos. Aprender otra vez a orar, dar testimonio, sacrificarnos para esparcir la Palabra de Dios y hacer servicio misionero. Hemos de amar a los hermanos y practicar la fraternidad entre los santos. Escuchar de nuevo la Palabra de Dios y abrir nuestro corazón a la obra del Espíritu Santo. No dejar vacío nuestro asiento en la iglesia. Contribuir a las necesidades de nuestra congregación y de la obra misionera con el corazón alegre. Orar regularmente. No callar la boca, sino dar testimonio y ganar almas, como nuestros padres, que pudieron ver los grandes «hechos de Dios».

«Isaac» debe cavar otra vez «los pozos de Abraham», con lo que nueva agua de vida fluirá por nuestras iglesias, y esta promesa de la Escritura se cumplirá cada vez en mayor grado:

> Porque Jehová te guiará continuamente, y en las sequías saciará tu alma, y dará vigor a tus huesos; y serás como huerto de riego, y como manantial de aguas, cuyas aguas nunca faltan. Y los tuyos edficarán las ruinas antiguas, los cimientos de muchas generaciones levantarás, y serás llamado reparador de portillos, restaurador de calzadas para poblados. (Is. 58:11, 12.)

Por tanto, una vez más: «¡Levantad las manos caídas! ¡Haced derechos los caminos! ¡Proseguid!»

En la palestra de la fe:

«¡Puestos los ojos en Jesús!»

7

Privilegios abandonados

> Mirad bien..., no sea que haya algún fornicario, o profano, como Esaú, que por una sola comida vendió su primogenitura. Porque ya sabéis que aun después, deseando heredar la bendición, fue desechado, pues no halló oportunidad para el arrepentimiento, aunque la procuró con lágrimas. (Hebreos 12, 16, 17.)

EL ESTADO QUE ALCANZAMOS con la salvación del Nuevo Testamento es ciertamente elevado; sin embargo, si caemos de él, nos hundimos muy abajo. Por tanto, en toda vida cristiana sana, al gozo hay que añadir la seriedad, la responsabilidad agradecida, el confinado cuidado. Por esta razón hay tantos avisos en Hebreos. Uno de los más serios se refiere a Esaú.

«Mirad cuidadosamente... para que ninguna persona profana, como Esaú, venda por un plato de lentejas su primogenitura. Porque sabemos que después procuró recuperarla, pero fue rechazado, aunque lo intentó con diligencia, con lágrimas.»

Esaú era el primogénito de Isaac. Esto le confería privilegios y responsabilidades, pero con ello iban implicados peligros. Toda la referencia es para advertir al lector. Pero el peso del aviso se nota sólo si consideramos la elevada posición de Esaú originalmente.

Entre los judíos, los privilegios de ser el primogénito eran muy importantes. Este término es usado en el Nuevo Testamento para describir la posición de honor de los miembros de la iglesia de Cristo, y aún la de Cristo mismo. En el contexto de Hebreos 12, hay *la plena posesión y goce de este privilegio celestial del primogénito, que es equivalente al premio del vencedor en una carrera, el llegar a la meta en la arena de la fe.*

De un modo preeminente y único, Cristo es el Primogénito. Su gloria irradia de la revelación del Nuevo Testamento en tres formas:

Es el *«Primogénito de toda la creación»* (Col. 1:15). Esta es la posición de honor vista desde el pasado, Cristo, siendo el «Primogénito» desde el *principio*, como «Hijo», antes que todas las criaturas y por encima de ellas.

Es el *«Primogénito de entre los muertos»* (Col. 1:18; Ap. 1:5). Esta es la posición de honor en el *presente*, que ostenta como Resucitado, posesor de la «preeminencia» como «Cabeza» del cuerpo, la Iglesia.

Es el *«Primogénito entre muchos hermanos»* (Ro. 8:29). Esta será la posición de honor en el *futuro* eterno, cuando se revelará como el Redentor glorificado de Sus redimidos en gloria (He. 1:6).

Así que, el Nuevo Testamento da testimonio de Cristo como el Primogénito en tres períodos que cubren todo el tiempo en que cursa la historia de la salvación. Muestra que Cristo es, al mismo tiempo, el más alto dignatario de todas las esferas de la divina revelación: en el reino de la creación, en el reino de la redención y en el reino de la perfección. Doquiera que miramos, Cristo es el Primogénito. «¡Miremos a Jesús!»

Además, la palabra «primogénito» se usa a fin de expresar la posición especial de gracia de la Iglesia. Así, la carta a los Hebreos, después de haber hablado del «derecho de primogenitura» de Esaú, y de haber sacado ciertas conclusiones de él para los lectores del Nuevo Testamento, añade unos versículos más adelante: «Os habéis acercado... a la congregación de los primogénitos que están inscritos en los cielos» (He. 12:22, 23). Y Santiago en su epístola declara: «El, por designio de Su voluntad, nos hizo nacer por la palabra de la verdad, para que fuésemos como primicias de sus criaturas» (Stg. 1:18).

Estas dos cartas fueron al principio dirigidas a los judíos cristianos. Así que, la palabra derecho de «primogenitura» debe entenderse como referencia al sentido del Antiguo Testamento.

El énfasis principal no es en el orden del nacimiento sino en el rango y la dignidad. De otro modo, no sería posible hablar de que un hombre es «hecho primogénito» mucho tiempo después de su nacimiento (aunque el Antiguo Testamento menciona este caso). «El me invocará: Mi padre eres tú, mi Dios, y la roca de mi salvación. Yo también le nombraré mi primogénito, el más excelso de los reyes de la tierra» (Sal. 89:26, 27). Y en sentido opuesto no se comprendería que alguien pudiera perder este derecho, habiendo nacido primogénito, como ocurre bajo ciertas circunstancias (cp. Rubén: 1.º Cr. 5:1, 2; y Esaú).

Que la idea central del «primogénito» es la de rango, no prioridad de nacimiento, se muestra también en 1.º Crónicas 26:10, en que en una familia levita uno de los hijos, Simri, era el jefe, porque «aunque no era el primogénito su padre le hizo jefe». La misma verdad se expresa en Colosenses 1:15. Aquí Pablo dice que Cristo es el «Primogénito de toda la creación», significando no su prelación en el tiempo del nacimiento (puesto que no hay tal) sino su preeminencia como Regidor del universo entero.

La palabra «primogenitura» en el texto de Hebreos es plural. Se sigue este plural en la traducción griega Septuagina del Antiguo Testamento, donde la palabra para primogenitura, Génesis 25:31, 34, es un término plural. Esto indica que la bendición del derecho de primogenitura es plural: los derechos. Según el orden social del Antiguo Testamento, y también desde el punto de vista de la historia de la salvación en general, esta bendición es triple:

> posición de autoridad,
> servicio sacerdotal,
> doble porción de herencia.

I. LOS DERECHOS DEL PRIMOGÉNITO EN ISRAEL

1. La posición de autoridad. Después del padre el primogénito era el representante de la autoridad en la familia. Era el «señor» de sus hermanos menores (cp. Gn. 27:37). Así el hermano mayor de David le da órdenes de asistir a un sacrificio de la familia en Belén, orden que incluso el rey Saúl y su hijo Jonatán admiten como excusa válida para no presentarse a comer con ellos, a pesar de que estaba invitado (1.º S. 20:27, 29). Los hijos de una familia israelita se sentaban a la mesa según su edad y rango; «el primogénito según su derecho y el más joven, según su edad» (Gn. 43:33; cp. también Gn. 48:14, 17-19).

2. Servicio sacerdotal. Al mismo tiempo nos da ejemplo del punto anterior. El incidente de David y su hermano mayor nos muestra que el primogénito ordenaba celebrar un sacrificio a la familia, es decir, actuaba como sacerdote de la familia. Sobre todo, además, las líneas generales y las conexiones principales entre el Antiguo Testamento y la historia universal de la salvación muestran que los derechos de primogenitura y el sacerdocio van juntos.

Según el plan de Dios, Israel debía ser el «primogénito» de Dios entre las naciones (Ex. 4:22). Al mismo tiempo Israel fue designado para ser la posesión exclusiva de Dios entre los pueblos, «un reino de sacerdotes, una nación santa» (Ex. 19:5, 6). Como reacción al ultraje de Faraón que intentaba exterminar a Israel, su hijo «primogénito», Dios destruye a los «primogénitos» de Egipto. «Jehová ha dicho así: Israel es mi hijo, mi primogénito... mas no has querido dejarlo ir; he aquí yo voy a matar a tu hijo, tu primogénito» (Ex. 4:22, 23).

Dios salvó a los primogénitos israelitas en la pascua, y ordenó que todo primogénito israelita fuera considerado como dedicado a El en un sentido especial. Así que la dedicación a Jehová y los derechos del primogénito, incluidos deberes y privilegios, estaban fundamentalmente entrelazados. El poseer el derecho de primogenitura significaba estar separado para un servicio santo, esto es, el sacerdocio. Después de la adoración del becerro de oro en el desierto, y como premio por su actitud firme, en contra, la tribu de Levi recibió este derecho por parte de Dios (Ex. 32:26, 29). De ahí su dedicación al sacerdocio que antes había pertenecido a cada primogénito israelita. «Porque mío es todo primogénito de entre los hijos de Israel... desde el día que yo herí a todo primogénito en la tierra de Egipto, los santifiqué para mí. Y he tomado a los levitas *en lugar de* todos los primogénitos de los hijos de Israel..., para que ejerzan el ministerio de los hijos de Israel en el tabernáculo de reunión» (Nm. 8:17-19; 3:12, 44, 45).

Esta es la historia de la vocación de la tribu de Leví al sacerdocio y sus antecedentes. Vemos aquí la posición nacional de Israel como primogénito de Dios, así como la relación entre primogenitura y ordenación al sacerdocio. Vimos también que, incluso después de este cambio, persistió un cierto orden de sacerdocio en la casa y la familia para el primogénito, aunque no en el templo.

La tercera bendición de la primogenitura era:

3. **Una doble porción en la herencia.** Según las instrucciones claras en el libro de Deuteronomio, el padre israelita tenía que dar al primogénito, cualesquiera que fueran las circunstancias de la familia «el doble de lo que corresponda a cada uno de los demás: porque él es el principio de su vigor, y suyo es el derecho de la primogenitura» (Dt. 21:15-17). Es decir, si había cuatro hijos, tenía que hacer cinco partes, y dar dos al primogénito, y una a cada uno de los otros hijos.

De estas tres ordenanzas del derecho de primogenitura israelita se siguen importantes desarrollos en la historia total de la salvación.

Entre las doce tribus de Jacob, Rubén tenía el derecho de primogenitura. Pero, a pesar de ello, el Mesías no es «el león de la tribu de Rubén», porque Rubén fue destituido de su primogenitura a causa del acto vergonzoso relatado en Génesis 35:22, y perdió el derecho a que en su tribu naciera el Mesías (1.º Cr. 5:1). Le fueron quitados todos los privilegios y «no tuvo la excelencia» (Gn. 49:3, 4). Los siguientes hermanos, Simeón y Leví, fueron también excluidos (Gn.

49:5-7) a causa de una atrocidad cometida en Siquem (Gn. 34:25).

Por estas razones el privilegio de primogenitura de Rubén se dividió del modo siguiente:

a)   La doble porción de herencia fue dada a *José* y así dividida y transferida a sus dos hijos *Efraín* y *Manasés*, de modo que cada uno de estos recibieran el área de toda una tribu (1.º Cr. 5:1). Esta es la razón por la que estos dos, que en realidad eran nietos de Jacob, fueron tratados como hijos, y recibieran herencia como los hermanos de su padre. Como había ordenado Jacob: «Efraín y Manasés... míos son; como Rubén y Simeón, serán míos» (Gn. 48:5).

b)   El sacerdocio fue dado a *Leví*. Con ello, el juicio de dispersión infligido en Leví (Gn. 49:5-7), a causa del ultraje de Siquem (Gn. 34:25), de que no recibiera ningún área precisa de la Tierra de Promisión, fue transformada en una bendición, porque Leví recibió 48 ciudades esparcidas por todo el territorio, dentro del alcance de cada israelita (Nm. 35:1-7, Jos. 21:1 y ss., especialmente 41).

c)   La posición de autoridad y mando cayó sobre *Judá*, el cuarto hijo de Jacob. «Judá llegó a ser el mayor sobre sus hermanos, y el príncipe de ellos» (1.º Cr. 5:2). Así que, la tribu de Judá pasó a ser la tribu real, lo que llevaba un significado mesiánico: «No será quitado el cetro de Judá, ni el legislador de entre sus pies, hasta que venga Siloh [Cristo] y a él se congregarán los pueblos» (Gn. 49:10).

En consecuencia de todos estos acontecimientos y las decisiones divinas, el Mesías no perteneció a la tribu de Rubén, como había de esperarse, sino que fue «el león de la tribu de Judá» (Ap. 5:5).

Además, en el futuro reinado de Dios, la división y transferencia del derecho de primogenitura de Rubén quedará cambiado definitivamente. Cristo, el Mesías Rey, procederá de la casa de Judá, el sacerdocio en Israel quedará en la familia de Sadoc, el levita (Ez. 48:11) y Efraín y Manasés, los descendientes de José, tendrán su doble porción.

Como resumen de esto y para hacer resaltar la inmensa importancia de los privilegios que tenía en Israel el primogénito, demos el siguiente resumen:

Territorialmente:
Leví recibe 48 ciudades, pero no área tribal.

Políticamente:
Judá recibe el liderazgo de Israel.

Dinásticamente:
La casa real de David se origina en Judá (Mt. 1:2-7; Lc. 3:31-34).

Profética y mesiánicamente:
Cristo, el Mesías, procede de Judá, no de Rubén, de Simeón o de Leví.

De modo que, el derecho de primogenitura en Israel es la base designada por Dios históricamente no sólo de asuntos de orden temporal, personal, familiar o nacional, sino también la realización de principios universales y eternos en el culto de adoración a Dios, inspiración, profecía y reinado mesiánico.

II. EL DERECHO DE PRIMOGENITURA Y LA IGLESIA

La gran oportunidad

Visto desde el punto de vista del Nuevo Testamento, todo este lenguaje simbólico y de tipos indica las posesiones espirituales de la Iglesia. Por el hecho de que la Iglesia es llamada «la congregación de los primogénitos que están inscritos en los cielos» (He. 12:23), se indica una triple posesión espiritual:

Una extraordinaria y gloriosa plenitud de las bendiciones celestiales.
El sacerdocio espiritual y celestial.
La dignidad real y la autoridad concedidas por la gracia divina.

Todo cristiano judío lector de la carta a los Hebreos y la de Santiago tenía que reconocer todo esto claramente.

Que en esta Escritura, bajo el término de «primogénito» se significa hombres (y no ángeles u otros seres del mundo espiritual) se prueba por las palabras: «Que están inscritos en los cielos» y por la referencia a las palabras del Señor a Sus discípulos: «Goazos de que vuestros nombres estén inscritos en los cielos» (Lc. 10:20), así como por el hecho de describir Pablo a sus colaboradores como aquellos «cuyos nombres están en el libro de la vida» (Fil. 4:33).

Pero, en cuanto al contenido de este triple derecho de primogenitura, la realidad del Nuevo Testamento excede con mucho al tipo del Antiguo. Todo es mucho más abarcativo, más espiritual, más celestial.

1. La plenitud de la bendición en el Nuevo Testamento. Las riquezas de Cristo, que son privilegio de la iglesia, son inescrutables (Ef. 3:8, 10). Su posición es mucho más elevada que la de Israel como nación. Las bendiciones celestiales de la Iglesia del Nuevo Testamento exceden con mucho a las bendiciones terrenales del pueblo del pacto en el Antiguo. La «iglesia de los primogénitos» tiene aquí una *«doble porción»* en la bendición, y mucho más. El Nuevo Pacto sobrepasa con mucho al Antiguo (He. 8; 2.ª Co. 3). El más pequeño en el reino del cielo es mayor que el más grande bajo la dispensación de la ley (Mt. 11:11). Benditos son, pues, nuestros ojos porque ven, y nuestros oídos porque oyen lo que los profetas y los justos de los tiempos del Antiguo Testamento quisieron ver y oír (Mt. 13:16, 17). «Bendito sea el Dios y Padre de nuestro Señor Jesucristo, que nos bendijo con toda bendición espiritual en los lugares celestiales en Cristo» (Ef. 1:3).

Así que, en Cristo tenemos una salvación que deslumbra, como procedente del Sol de la Eternidad, todas las revelaciones previas de Dios. En El ha venido salvación plena. Todas las riquezas del cielo nos han sido abiertas. Como Salvador, Cristo es mucho más que el Médico de nuestro cuerpo y alma (cp. Lc. 4:23). Es más que un mero Vencedor de los obstáculos físicos, morales y espirituales de las personas y las naciones. Como Salvador y Redentor hace más que pagar nuestras deudas, traer lo negativo al punto cero; hace más que eliminar el daño y la pérdida, lo que hace es darnos un valor positivo y abrumador, que sobrepasa sin medida el punto cero y nos levanta a una vida de gozo inefable (Ef. 1:18); Jn. 10:10, 11), a un gozo inagotable (Fil. 4:4), a un poder para vivir una vida victoriosa (Ro. 8:37), a la verdadera dignidad de nuestra personalidad (1.ª P. 2:9; Ef. 4:1); de hecho al verdadero cumplimiento eterno de la verdadera nobleza del hombre.

La «salvación» dentro del sentido del Nuevo Testamento significa, por tanto, lo mismo que las «inescrutables riquezas de Cristo» (Ef. 3:8). Es la esfera de la actividad del Resucitado, la suma total de Sus poderosas obras aquí debajo. Como Salvador, Cristo es el que nos trae salvación, el Vencedor de los poderes de las tinieblas, el Sol que irradia todas las energías para engendrar nueva vida, el que nos trae el triunfante y eterno Reino de Dios (Jn. 4:42; 3:16; 1.ª Jn. 4:14).

Así que, en la explicación del título de «Salvador, no basta el considerar la raíz etimológica *soter*» de *sozein* (de curar, sanar, cp. Mt. 9:21, 22; Mr. 5:23; 6:56). Donde se habla en el Nuevo Testamento de la curación de los enfermos, se usa otra palabra (*therapeuein*, cp. Mt. 4:24; Mr. 3:10, que ocurre 35 veces en los Evangelios). No basta con la etimología para saber el sentido de una palabra. «Salvador» *(soter)* va mucho más allá de la idea de sanar.

2. El sacerdocio en el Nuevo Testamento; sacerdocio de la Iglesia o de todos los creyentes. Pero, hay más: cada uno de estos «ciudadanos del cielo» es, según la llamada de Dios, un sacerdote del Altísimo. «E hizo de nosotros un reino, sacerdotes para Su Dios y Padre» (Ap. 1:6).

¿Qué significa esto? ¿Cuáles son sus consecuencias?

Se piensa, de modo muy superficial, al hablar del sacerdocio en la iglesia, que con el hecho de que no haya un pastor en la iglesia local ya se cumple este sacerdocio de la iglesia o de todos los creyentes. Porque el Nuevo Testamento no dice en ninguna parte que el sacerdocio general se cumple en ninguna forma de organización eclesiástica u orden de servicio. Al contrario, una iglesia local puede tener un ministro ordenado y al mismo tiempo ejercer en principio el sacerdocio general de la iglesia. Una iglesia local puede tener libertad de palabra de modo general y, sin embargo, no practicar el verdadero sacerdocio de todos los creyentes. El sacerdocio general y la libertad general de palabra no son lo mismo de ninguna manera. En la iglesia de Dios no hay ninguna libertad general de palabra, sino sólo la libertad del Espíritu, que distribuye los dones y guía con respecto a su administración según Su propia voluntad y control.

La expresión «sacerdocio general», en la combinación literal de las dos palabras «general» y «sacerdocio» no se halla en las Escrituras. Apareció en tiempo de la Reforma en contraste con la distinción entre los «sacerdotes» y los «legos» en la Iglesia Católicorromana. La Biblia habla del sacerdocio «real» (1.ª P. 2:9; Ex. 19:6) y de un sacerdocio «santo» (1.ª P. 2:5).

En oposición al sistema católicorromano de una casta sacerdotal jerárquica, los reformadores hicieron énfasis en la igualdad en posición y espiritualidad de todos los verdaderos creyentes en Cristo ante Dios y ante la iglesia. Y con muy buenas razones. Así que, la expresión «sacerdocio general» es correcto y ciertamente bíblico en cuanto a su significado, aunque no se encuentra literalmente en las Escrituras.

Sólo hay que tener cuidado en no interpretarlo en un sentido negativo, es decir, en no negar la jerarquía meramente, o el considerarlo principalmente desde el punto de vista de organización de la iglesia, orden del ministerio, y la práctica de la predicación de la palabra— como si el «sacerdocio general» en su naturaleza real fueran especialmente una *negación* de la ordenación y designación de un ministro como pastor local, y la *afirmación* de una igualdad indiferenciada entre los creyentes varones en la iglesia por lo que respecta al ministerio y la predicación.

En realidad, las mujeres creyentes se hallan tan incluidas en el sacerdocio como los hombres, pero, naturalmente, cada uno dentro de la esfera que Dios le ha asignado. Todos deben, sin embargo, tener corazones y mentes sacerdotales. Naturalmente, se pueden sacar ciertas consecuencias prácticas de esto también para la forma externa de las reuniones de la iglesia y el ministerio de la Palabra, pero el centro de gravedad de la verdad está mucho más profundo. El sacerdocio general, como también la guía del Espíritu Santo, no es un mero privilegio y obligación de las reuniones en las iglesias locales. La enseñanza de las Escrituras respecto a este tema (Ro. 8:14; Gá. 5:18; Jn. 16:13), deja claro que debe aplicarse a toda la vida, desde la mañana a la noche, cada día de la semana, y no sólo durante el Día del Señor. No se limita al principio o final de las reuniones de la iglesia, como las reuniones de adoración, lectura de la Biblia u oración, sino que incluye a todo el hombre, no sólo en las salas de reuniones, capillas o iglesias, sino fuera también. En el pleno sentido de la palabra, el pueblo de Dios del Nuevo Testamento es un «reino de sacerdotes y una nación santa» (Ex. 19:6; 1.ª P. 2:5-9).

A base de este sacerdocio general los «dones espirituales» tienen que ser desarrollados en la iglesia (1.ª Co. 12-14). Esto debería ser practicado en cada caso bajo la guía del Espíritu Santo, según la comisión y dotes ordenados por Dios para cada persona. El sacerdocio general y la dirección carismática del Espíritu deben, pues, distinguirse el uno del otro (*charisma* o *jarisma* = don de gracia).[1] El primero incluye a un gran círculo; la última está incluida, como un pequeño círculo, dentro del anterior y, por tanto, forma parte de él. Cada redimido o creyente es llamado al sacerdocio general. Pero no todo «sacerdote del Nuevo Testamento es portador de dones espirituales para un ministerio especial o un servicio divino. E incluso aquellos que son portadores de estos dones del Espíritu no están comisionados en cada caso y como cosa natural al ejercicio de la predicación de la Palabra. Cada uno debe permanecer en cada caso bajo la orden y dirección inmediata del Espíritu Santo (1.ª Co. 12:4 ss.; 14:26).

De todo esto se sigue que la guía del Espíritu no se establece sólo con el principio de la reunión de la iglesia. La guía del Espíritu Santo no es nada mágico, sino natural y aun santo, no mecánico sino orgánico, no restringido a sesiones especiales, sino totalmente abarcativo de la totalidad del tiempo y de la vida.

La relación entre la palabra «Espíritu» *(pneuma)* y «dirección» *(ago, hodegeo)*, ocurre sólo tres veces en el Nuevo Testamento, y cada vez está referida a la vida *total* del cristiano (Ro. 8:14; Gá. 5:18; Jn. 16:13). No se refiere exclusivamente, ni aun principalmente, a los principios de orden de la iglesia o del servicio divino. Es, naturalmente evidente e incluido en el hecho que el todo de la vida es guiado por el Espíritu, que las reuniones de la iglesia deben ser dirigidas, en toda ocasión, por el Espíritu de Dios. Ni tampoco sugiere la Escritura en ningún pasaje que haya una diferencia gradual entre las reuniones de la iglesia como si una clase de reunión tuviera más evidencia del sacerdocio general y más dirección del Espíritu Santo que otro tipo de reunión. No, el Espíritu de Dios abarca *todo* el hombre y, por tanto, *toda* la vida de la iglesia. Todo el tiempo de un cristiano, dentro y fuera de la vida de la iglesia, debe estar bajo la dirección directa de arriba por el Espíritu Santo. Por tanto, está también en completo acuerdo con la idea bíblica de la guía por el Espíritu Santo, que un predicador de la Palabra se prepare para su ministerio, orando al Señor para que le dé la palabra apropiada y el mensaje apropiado, en su hora quieta de meditación y oración en casa, *antes* de ejercer el ministerio. En cada caso, naturalmente, debe permanecer abierto para nueva guía.

Los deberes de un sacerdote eran cinco: el servicio sacrificial, la oración, el testimonio, la obra pastoral (pastoreo espiritual) y la bendición.

En todos ellos hemos de reconocer claramente que el sacerdocio general o de todos los creyentes de la iglesia no es algo impersonal, meramente objetivo, especialmente corporativo, como si «la iglesia», sólo como un «cuerpo», una organización o un organismo espiritual fuera bendecida con una posición sacerdotal y tuviera que ejecutar obligaciones sagradas. No, no es sólo la «iglesia» en general, sino los miembros individuales los que deben hacerlo al mismo tiempo del modo más enfático.

La idea de que «la iglesia» como tal tiene que hacer esto o aquello está, hasta cierto punto relacionada con la base de la concepción errónea católicorromana de un cuerpo colectivo: «la iglesia» da a los hombres la Biblia; «la iglesia» interpreta las Escrituras; «la iglesia» ejerce autoridad; «la iglesia» esparce la verdad cristiana en el mundo.

Pero, la Biblia enseña la responsabilidad *personal* de cada creyente individual. Cada creyente individual tiene que actuar por su cuenta como un sacerdote de Dios. No se nos permite esconder nuestro «yo» detrás de un «nosotros» corporativo. De otro modo los asuntos que son de «todos» pasarán pronto a ser de «nadie», y la realización práctica del sacerdocio general de la iglesia se evaporará y será un verdadero fracaso.

En este sentido, o sea, que todo servicio cristiano es individual, no sólo corporativo, hablamos del sacerdocio general de la iglesia y de sus miembros.

El sacerdocio del Nuevo Testamento es un servicio santo de *sacrificio*. El sacrificio en el Gólgota del Cordero de Dios fue, naturalmente, único y no puede ser repetido (He. 10:10-14). Pero, todos los que han sido rescatados por Dios por medio de este sacrificio deben ser ellos mismos un santo sacrificio en toda su vida. «Y por ellos yo me santifico a mí mismo, para que también ellos estén santificados en la verdad» (Jn. 17:19).

En la consagración de todo el ser y en la manera de vida, debe hacerse manifiesto y demostrado su entrega sacerdotal de sacrificios espirituales, a saber:

En la consagración de su vida: Ro. 12:1.

En la santidad de sus obras: 1.ª P. 2:5, 9.

En la disposición al servicio y a la caridad: He. 13:6.

En la generosidad de sus ofrendas para la obra del Señor: Fil. 4:18.

En la dedicación total de sus propias personas al esparcimiento del vangelio: Fil. 2:17; 2.ª Ti. 4:6.

En oración obrada por el Espíritu: Ap. 8:3, 4; Sal. 141:1, 2.

En el culto de adoración triunfante: He. 13:15.

En todas estas cosas las Escrituras son muy prácticas. Incluso los sacrificios espirituales que deben ser ofrecidos por el santo sacerdocio del Nuevo Testamento, según 1.ª Pedro 2:5, no son sacrificios exclusivamente en la esfera de la vida interior, invisible, intelectual, del alma, esto es, no son sólo oraciones y acciones de gracias, meros sentimientos o pensamientos, sino más bien «espirituales» en el sentido, que tiene la palabra en la expresión paulina «dones espirituales» (1.ª Co. 12:1). Allí, «dones espirituales» significa, sin lugar a duda, dones de gracia «*obrados* por el Espíritu, *guiados* por el espíritu, *saturados* por el Espíritu», (1.ª Co. 12:4- (1.ª Co. 12:1). Allí, «dones espirituales» significa, sin lu- actos de servicio *obrados* por el Espíritu, y *llenos* del Espíritu, las dos cosas actos exteriores y al mismo tiempo interiores e invisibles (oraciones, suplicaciones, acciones de gracia y culto de adoración). En el reino de Dios, incluso el dinero es un asunto *espiritual.*

A este servicio sacrificial espiritual de la iglesia y de todos sus miembros individuales, y por ello al ejercicio práctico del sacerdocio general del Nuevo Testamento, pertenecen también las ofrendas de carácter regular y especial a la obra del Señor, localmente y a las misiones. Con referencia a esto hay un criterio de ideas y de obras, evidente con frecuencia entre los creyentes, que es verdaderamente muy bajo cuando no realmente primitivo, y que es por completo indigno del reino del Altísimo.

Las ofrendas para la iglesia y la obra de misiones no son un asunto de caridad cristiana o beneficencia. Los misioneros, los hermanos ministrantes, los predicadores y pastores no reciben propinas. Si hubieran permanecido en sus actividades seculares, como profesores o científicos, obreros de fábrica o negociantes, ingenieros o médicos o lo que sea, muchos de ellos habrían tenido gran éxito en sus carreras y obtenido grandes ingresos. Fue la vocación de arriba que se dispusieron a seguir y por ello dedicaron toda su vida a la obra del Señor. ¿Cómo haría progresos la obra del Evangelio si no hubiera en cada nueva generación hombres y mujeres que ofrecen su tiempo y su energía al Señor que los ha llamado? En otras palabras, casi toda la obra misionera en el extranjero sería imposible, y gran parte de la que se hace en nuestros países: como obra de colportores, campamentos de misión, campañas de evangelismo sin estas personas. Naturalmente, sólo van a ocuparse de la obra de modo exclusivo los que son capaces de ejercer profesiones equivalentes de modo secular. Los que han fallado en estas profesiones no es probable que vayan a trabajar con provecho en la cosecha del Señor.

Las ofrendas para la iglesia y la obra de misión, según el concepto general del Nuevo Testamento, son simplemente un *deber de la iglesia* y de todos sus miembros. No tenemos libre opción de si queremos ayudar y contribuir a la obra o no. Es una *orden* del Señor Resucitado («ordenó», 1.ª Co. 9:14) así que, simplemente, se trata de un caso de obediencia para todos los redimidos. Las ofrendas para el reino de Dios pertenecen por tanto a la santificación práctica. En la forma en que nos sometemos en la realidad a este precepto divino podemos ponernos a prueba en cuanto a la seriedad y sinceridad con que reconocemos la Soberanía de nuestro Redentor. Además:

Las ofrendas para la iglesia y las misiones son *una respuesta externa a las bendiciones espirituales* que hemos recibido: «una comunicación respecto al dar y recibir» (Fil. 4: 15). Reconociendo un donativo para el servicio misionero de los miembros de la iglesia de Filipos, Pablo escribió: «Ninguna iglesia participó conmigo en razón de dar y recibir sino vosotros». Esto significa que le dieron al apóstol ayuda material y recibieron de él bendiciones espirituales. A los Corintios les escribe: «Si nosotros sembramos entre vosotros lo espiritual, ¿será mucho que cosechemos de vosotros lo material? (1.ª Co. 9:7-11). Las ofrendas para las misiones son una expresión de nuestra gratitud por la redención que hemos recibido y por el servicio que Cristo y Su pueblo han hecho y están haciendo en nuestras almas. Cristo reclama Sus derechos, y toda desobediencia a este respecto es un desprecio de Su autoridad y aun es robar a Dios, según el principio establecido en Malaquías 3:7-10. Naturalmente, es verdad que las ofrendas no se deben dar de mala gana, sino con alegría y buena voluntad, «según cada uno se proponga en su corazón» (2.ª Co. 9:7). Pero si nuestros corazones están llenos de agradecimiento y amor a Cristo, todo esto será hecho con gozo y de manera digna ante Dios. Y es más, al dar, el dador es, él mismo, receptor.

Las ofrendas para la iglesia y las misiones son *depósitos en el banco del Cielo*, que el dador mismo entrega, con ventaja permanente para su propia bendición. Como dice Pablo: «No es que busque dádivas, sino que busco fruto que abunde en *vuestra* cuenta» (Fil. 4:17), es decir, que se deposite en nuestra cuenta celestial. El entregar es, pues, recibir. «Mi Dios proveerá a todas vuestras necesidades conforme a Sus riquezas en gloria en Cristo Jesús» (Fil. 4:19; cp. Gá. 6:6). Y aún debe ser valuada más altamente esta obligación: tiene un carácter sacerdotal.

Las ofrendas para los pobres y para la iglesia y las misiones *son sacrificios del Nuevo Testamento* y, por tanto, una parte importante de la ejecución práctica del sacerdocio general. Si son ofrecidos en la actitud del corazón adecuada, y corresponden en la medida apropiada a nuestras posibilidades, son un «olor fragante, sacrificio acepto, agradable a Dios» (Fil. 4:18). Esta es la manera en que Pablo caracteriza las ofrendas de los hermanos de Filipos. Tú puedes ver hasta qué punto has comprendido con el corazón tu posición y parte en el sacerdocio general de la Iglesia del Nuevo Testamento, examinando tu propia voluntad a traer estos sacrificios sacerdotales y prácticos para la obra del reino del Señor. Los profetas falsos y los verdaderos, en el Antiguo Testamento, podía ser distinguidos entre sí, por medio de su actitud con respecto al dinero (cp. Mig. 3:11 y Nm. 22:16). Este era considerado un criterio infalible. Del mismo modo nuestra actitud con respecto al dinero, en el Nuevo Testamento, puede ser un test de nuestra genuinidad y sinceridad en cuanto al sacerdocio general. Finalmente:

Las ofrendas para la iglesia y las misiones *son un privilegio y un honor para el que los da.* «Ganad amigos por medio de las riquezas injustas, para que cuando tengáis que dejarlas, os reciban en las moradas eternas» (Lc. 16:9). ¡Qué maravilloso será el que cuando nos hallemos en la eternidad, se hagan manifiestas victorias en el campo de misión y en la obra de Dios en general relacionadas con cosas que, al momento, nos son por completo desconocidas! ¡Qué gozo y qué honor será cuando veamos y entendamos, a la luz eterna, que nuestros sacrificios personales contribuyeron a la obra del Señor, ayudando a esparcir las Escrituras o haciendo posibles algunos servicios por medio de almas que fueron conducidas a Cristo! ¡Qué felicidad será el tener el privilegio de ver en toda humildad que mientras otros lucharon y ganaron la victoria, yo, por la gracia de Dios, era su camarada de armas, aunque alejado del campo de batalla donde ellos luchaban a miles de kilómetros! Este gozo y este honor pueden ser el bendito resultado del servicio y sacrificio práctico del sacerdocio general del Nuevo Testamento.

El verdadero centro del sacerdocio general del Nuevo Testamento para la iglesia y todos sus miembros es, sin embargo, *la vida de oración*. Para el verdadero sacerdote del Nuevo Testamento, la oración no es un mero deber, sino un privilegio concedido por Dios. En este espíritu, los pecados de los demás ya no son un objeto de críticas sino ocasión para una tarea de oración intercesoria amante. La falta de santidad de los otros será tratada de manera santa. No será llevada al «campamento» sino al «santuario». De la habitación quieta para la oración saldrán rayos de bendiciones para la iglesia y el hogar, para la obra evangelística y pastoral (Ef. 6:18, 19; Ro. 15:30-32), sí, incluso para los gobiernos y autoridades del mundo y la vida de las naciones (1.ª Ti. 2:1, 2).

La oración es el «transformador», el «tablero de distribución», por el que pasa la «corriente» del Señor, «la estación generadora», y va a los hogares, los «talleres» y las «fábricas» de la vida corriente, transformando la corriente en vida y potencia, cuando llega a su destino. ¡Sin una vida de oración no hay una vida de victoria! ¡Sin recibir no se puede tener! ¡Sin vivir *en* Cristo, no hay posibilidad de trabajar de modo fructífero *por* Cristo! Incluso, en el trajín de nuestros deberes diarios, debe seguir sin interrupción nuestra comunión con el Señor en oración.

Pero, el orar en sí y por sí, no es todo lo que se necesita. No todo lo que se llama oración es *realmente* oración. Incluso hay creyentes que «oran» sin creer. Su oración puede ser cosa de forma, sin pensarla, o incluso socavada por las dudas, y «no piense pues, ese hombre, que recibirá cosa alguna del Señor» (Stg. 1:7). Sólo el instinto de oración con fe puede sernos de ayuda, un esperar confiado verdadero en el Señor, para que nos oiga a Su tiempo y según Su consejo.

Esta oración es verdadera *obra* sacerdotal para el Señor. No es una actividad del alma meramente añadida a la otra obra sacerdotal, sino que es la parte principal de la misma, de hecho, la más importante de todas. En el reino de Dios sólo es obrero el que es hombre de oración. Porque orar es trabajar (Col. 4:12, 13). Sólo es espiritualmente fuerte la iglesia local que tiene una reunión de oración potente que es la parte central de la vida de la iglesia, en la cual esta reunión de oración regular es una comunión y colaboración real con la obra de Dios, de modo local y para las misiones. Las batallas decisivas de la vida se luchan en la cámara de oración. Según son nuestras oraciones será nuestra obra, y será nuestra influencia sobre nuestros prójimos. La oración decide cuál es nuestra actitud en los problemas de la vida. La calidad de nuestra obra depende de la calidad de nuestras oraciones. El sacerdote de Dios debe vivir en el santuario.

Además de las oraciones y suplicaciones, es el privilegio especial del sacerdote el presentar delante de Dios las ofrendas de acción de gracias y de adoración.

El culto de adoración debe distinguirse claramente de la acción de gracias. Este se refiere a los *dones* y *bendiciones* individuales que Dios nos concede como Sus criaturas, mientras que el primero se concentra sobre la *Persona* y *Naturaleza* del Dador mismo.

La acción de gracias glorifica a Dios por Sus *hechos* y demostraciones de Su gloria. El culto de adoración, es meditar y alabar el secreto íntimo y el centro de esta gloria, es decir, la *Divinidad* en sí.

Es verdad que la adoración es también hablar de los grandes hechos de la salvación y redención; pero en la adoración, a distinción de la acción de gracias, no pensamos tanto en las *ventajas* y *bendiciones* para nosotros que resultan de estos grandes hechos por los cuales alabamos a Dios, sino más bien los consideramos como revelaciones y manifestaciones siempre nuevas de la *naturaleza interior* del Ser Divino. La acción de gracias, pues, subraya el *resultado* glorioso de los actos redentores divinos para la criatura; la adoración alaba su *fuente* y *fundamento* divinos en el corazón del Creador mismo.

En la acción de gracias nuestro corazón se regocija en

lo que el Salvador y Señor ha realizado por nosotros *personalmente*; en la adoración, nuestras almas se gozan en El y le alaban, al Santo Dios de todo poder y amor, por lo que es *El mismo*.

La adoración es, por tanto, más elevada que la acción de gracias, porque la adoración está libre de las cosas creadas y vive en lo eterno. La adoración aparta su mirada de lo temporal, de las personas, cosas y sucesos en su curso, y hasta cierto punto incluso de las revelaciones temporales de la Divinidad y se eleva directamente al corazón del Altísimo y allí se ocupa con su Naturaleza eterna, santa y amorosa.

Por tanto, en la comunión de amor entre el Creador y la criatura, la adoración es la cumbre del amor que responde de la criatura. Y en tanto que el hombre, precisamente en ésta su vocación como criatura, había sido llamado desde el principio a esta comunión de amor, había sido llamada a adorar al gran Dios. La adoración es el objeto primero y más importante de la vocación eterna del hombre. De la eternidad a la eternidad los redimidos y los glorificados tendrán el privilegio de adorar al Señor de señores, diciendo exultantes:

> La salvación pertenece a nuestro Dios que está sentado en el trono, y al Cordero... Amén. La bendición la gloria, la sabiduría, la acción de gracias, el honor, el poder y la fortaleza, sean a nuestro Dios por los siglos de los siglos. Amén. (Ap. 7:10, 12.)
>
> Pero llega la hora, y ahora es, cuando los verdaderos adoradores adorarán al Padre en espíritu y en verdad; porque también el Padre busca tales adoradores que le adoren. Dios es espíritu; y los que le adoran, es necesario que le adoren en espíritu y en verdad. (Jn. 4:23, 24.)

El servicio del sacerdote, sin embargo, no debería ser ejecutado meramente *en* el templo, sino también de modo efectivo, *fuera*. El que es «hombre de oración» debe ser también «hombre con un mensaje».

El *dar testimonio* es, por tanto, otra parte esencial del servicio del sacerdocio general de la Iglesia y de todos los miembros, en el Nuevo Testamento: «Porque los labios del sacerdote han de guardar la sabiduría, y de su boca el pueblo buscará la ley; porque él es mensajero de Jehová de los ejércitos» (Mal. 2:7). Vigilemos: de nosotros se espera algo, porque somos sacerdotes de Dios. A menudo el mundo no se da cuenta en absoluto de lo que esperan. En realidad negarían en redondo que esperarán algo de nosotros. Y, sin embargo, es verdad. Y nosotros somos responsables de darles la respuesta a sus problemas profundos y sin resolver. Porque nosotros somos los únicos que *tenemos* la respuesta. «Hoy es día de buena nueva, y nosotros callamos; y si esperamos... incurriremos en culpa» (2.º R. 7:9). «Soy deudor» (Ro. 1:14). «Ay de mí si no predico el evangelio» (1.ª Co. 9:16). El sacerdocio general del Nuevo Testamento y la proclamación del Evangelio van juntos. Por esta razón el deseo de Pablo es: «Ser ministro de Jesucristo a los gentiles, administrando el evangelio de Dios, para que los gentiles le sean ofrenda agradable, santificada por el Espíritu Santo» (Ro. 15:16).

La palabra original usada aquí por «ministrar» *(hierourgounta)* significa, literalmente, «ministrar en sacrificio», «ministrar cosas santas», ejecutar el oficio de sacerdote cristiano, más espiritual y, por tanto, más excelente que el sacerdocio levítico. Asimismo, la palabra griega por «ofrenda» *(prosphora)*, que usa aquí el apóstol, es una expresión sacada del servicio sacerdotal del templo, que significa, la obtención entre los gentiles. «Los judíos habían sido durante largos años una nación santa, un reino de sacerdotes, pero ahora los gentiles han sido hechos sacerdotes ante Dios. En realidad, los gentiles mismos son el sacrificio ofrecido a Dios por Pablo, en el nombre de Cristo, un sacrificio vivo, santo, aceptable a Dios (Matthew Henry).

Todo este pasaje de Romanos muestra hasta qué punto Pablo ve como uno solo el sacerdocio del Nuevo Testamento, y el evangelio y actividad misionera del Nuevo Testamento. En realidad, el trabajo misionero es, a juicio del gran apóstol de las naciones, una parte integral de la realización práctica del sacerdocio general del Nuevo Testamento. El ser sacerdote significa ser un hombre con una misión, ser un testigo para Cristo, un colaborador en el esparcimiento del evangelio localmente y en las misiones.

De manera que, la Iglesia, siendo el sacerdocio del Nuevo Testamento, es al mismo tiempo el profeta de Cristo. Es el proclamador e intérprete de esta palabra de vida al mundo. Es testigo y confesor, mensajero y portavoz de Dios, esto es, una iglesia en su naturaleza interna más profunda. Y recordemos que la vocación y obligación de la iglesia es experimentada y practicada por todos sus miembros individuales, no sólo como una cooperación colectiva, sino también, y de un modo bien claro, en cada servicio y en cada vida personal individual. El descuido práctico de la orden misionera de Dios hace evidente que la naturaleza del sacerdocio general del Nuevo Testamento no ha sido realmente entendido, de hecho, que el mismo carácter de la iglesia misma no ha sido claramente entendido. Porque pertenece a la misma esencia de la *ecclesia* el ser la iglesia de la Palabra: vive por la Palabra, se nutre de la Palabra, es reforzada por la Palabra, ordena su camino según la Palabra. Así que, en cierto sentido, debería ser ella misma «palabra», esto es, mensaje y mediador del evangelio, testificando, sea yendo realmente al campo de misión o su equivalente local, o bien apoyando con oración y la comunión práctica a los que han sido. La iglesia del Señor vive *por medio* de la obra misionera— porque sólo llevando a cabo la comisión misionera pueden ser alcanzados otros países y hogares. Por tanto, la iglesia del Señor y sus miembros individuales deben también en la práctica vivir *para* la obra misionera —la palabra misión siendo usada aquí en su sentido más amplio y original de dar testimonio, predicar el evangelio, ganar almas, sea donde residimos o en el extranjero—. Así que, nosotros somos embajadores de Cristo. Cristo «habla» a través de nosotros, «como si Dios exhortase por medio de nosotros; os rogamos en nombre de Cristo: Reconciliaos con Dios» (2.ª Co. 5:20).

Una y otra vez desde los días de la Reforma se ha hecho la pregunta de si hay justificación y posibilidad de hacer obra misionera. Muchos han contestado de modo negativo, pero los heroicos pioneros del evangelio entre las naciones paganas han dado una respuesta afirmativa, con pruebas de palabra y de hecho tan irrefutables e impresionantes, que no pueden ser pasadas por alto. Hombres como Zinzendorf,

William Carey, Robert Morrison, David Livingstone, Hudson Taylor, estos grandes portaestandartes de las buenas nuevas de la salvación de Dios al mundo entero, han demostrado que la obra misionera no sólo es posible, sino que es necesario y urgente.

De hecho, la orden misionera del Señor nunca ha sido retirada. Al contrario, está inseparablemente unida a la promesa: «He aquí estoy con vosotros hasta el fin del mundo». La orden misionera y la promesa están unidas. Uno no puede reclamar la una negando prácticamente la otra. Porque si la promesa: «He aquí estoy con vosotros hasta el fin del mundo» es válida, la orden: «Id por todo el mundo» también lo es. En la parábola de las minas el Señor dice a Sus siervos: «Negociad *hasta que venga*» (Lc. 19:13). Esto significa: ¡No ceséis antes de esta fecha! Que cuando venga el Señor, nos encuentre trabajando.

El 4 de diciembre de 1857 David Livingstone, el gran explorador y misionero de Africa, visitó la Universidad de Cambridge en Inglaterra. En esta ocasión hizo una llamada a los estudiantes a dedicarse a la obra del Señor en Africa. Entre otras cosas, dijo:

> Personalmente, nunca he cesado de gozarme de que el Dios me confiara este servicio. La gente habla mucho de los sacrificios hechos al dedicar mi vida a Africa. Pero ¿puede llamarse a esto sacrificio si devolvemos a Dios un poco de lo que le debemos? Y le debemos tanto que nunca podremos pagar nuestra deuda. ¿Puede llamarse sacrificio a lo que nos da la más profunda satisfacción, que desarrolla nuestro mejor potencial, y justifica nuestras más grandes esperanzas y expectativas? ¡Fuera esta palabra! ¡Fuera estos pensamientos! ¡Es una cosa distinta de sacrificio! ¡Es un *privilegio*! Durante un momento nos pueden retener el temor, la enfermedad, los sufrimientos, los peligros, el renunciar a conveniencias que parecen indispensables para la vida, pero sólo por un momento. Todo esto no es nada comparado con la gloria que será revelada en nosotros. ¡Yo nunca hice un sacrificio!

El Señor necesita estos siervos, hombres y mujeres, en cuyas almas arda el fuego sagrado, que tengan sólo un propósito en la vida, el de dar testimonio y glorificar la Persona de su Redentor, dando a conocer Su obra de salvación de palabra y de hecho, hablando de Su reino cerca y lejos. Estas personas son, en verdad, sacerdotes de Dios.

Hace unos 180 años, al comienzo de la era misionera moderna, durante una discusión sobre la India, un siervo de Dios dijo: «Lo que vemos es una mina de oro en la India, y es tan profunda que llega al centro de la tierra. ¿Quién se atreverá a explorarla?» Entonces William Carey, que luego fue un gran misionero, lingüista, traductor de la Biblia y pionero de la obra misionera, dio su respuesta clásica: «Yo iré, yo bajaré a esta mina pero ¡tenéis que sujetar bien firmes las cuerdas!»

«¡Sujetad las sogas firmemente!» ¡Respaldad a los testigos del evangelio! ¡Sostenedlos y orar por ellos! ¡Sed testigos nosotros mismos! «Que os comportéis como es digno del evangelio de Cristo... que estéis firmes en un mismo espíritu, combatiendo unánimes por la fe del evangelio» (Fil. 1:27). La participación en el reinado de Dios significa participación en la obra de Dios. Sólo así será posible la participación en la victoria de Dios. Este es el lado profético del llamamiento del sacerdocio general del Nuevo Testamento.

Ardamos, pues, de entusiasmo con el fuego de esta santa comisión. ¡Fuera la indolencia ¡Fuera la impotencia, las miradas lánguidas y «piadosas» y egoístas! No podemos ser meros espectadores de los actos de Dios. Hay un poder dinámico en el evangelio que exige extenderse por tierra y mar. No sólo debemos usar las oportunidades para dar testimonio de Cristo, sino que debemos *buscarlas*. «Buscad a los que perecen, cuidad a los que mueren, arrebatadlos compasivamente del pecado y de la tumba.» El Hijo de Dios mismo vino para buscar a los que estaban perdidos. ¿Estás tú buscando? ¿Estás rescatando? O ¿crees que una actitud meramente defensiva es bastante para ganar la victoria, sin necesidad de iniciativas y santa agresividad? En este caso tu vida cristiana y la ejecución de tu parte en el sacerdocio general del Nuevo Testamento han fallado miserablemente.

Sólo el siervo inútil se queda mano sobre mano,

Mirando a su amo en febril actividad.

La falta de espíritu misionero es una enfermedad del alma. El tener un vivo deseo de ganar almas para Cristo va junto indispensablemente con una fuerte vida espiritual.

Como sacerdocio profético de Dios, la Iglesia del Señor es el portavoz del mensaje más glorioso en la tierra. Es la columna y baluarte de la verdad» (1.ª Ti. 3:15), el instrumento para irradiar la luz de salvación, el representante de Cristo como testigo verdadero y fiel, y cada persona está llamada a ser colaborador en esta comisión sacerdotal y profética de toda la iglesia.

Cada sacerdote de Dios — ¡un testigo!

Cada redimido — ¡un misionero!

Cada iglesia local — ¡una iglesia de obreros!

Para edificar la iglesia, sin embargo, la proclamación del evangelio y la experiencia de la conversión individual son sólo el fundamento, por más que sean indispensables y básicos. Los salvos deben ser santificados, su vida espiritual tiene que calar más profundo. Los sacerdotes del Nuevo Testamento, como portadores de la Palabra de Dios, tienen recibida otra comisión vital del Señor. Si el sacerdote es el «mensajero» de Jehová y si el pueblo busca la «ley», es decir, la Palabra de Dios, «de su boca» (Mal. 2:7), entonces el sacerdote tendrá que administrar no sólo la obra evangelística, sino también la obra pastoral de la Palabra de Dios, y por ello tendrá que ejecutar también la obra personal del pastor de las almas. Por tanto, la *obra pastoral* es otra importante responsabilidad del sacerdocio general del Nuevo Testamento.

Las almas sacerdotales son pastores de la iglesia. Tienen vista para las necesidades y aflicciones de los otros. Sus ojos están abiertos. No ven lo que les rodea con la mirada adusta del severo crítico, sino con corazones de amor, gracia y compasión. Se esfuerzan en ver el lado bueno del carácter de los otros, sus intenciones y deseos y esfuerzos rectos y loables, y los tienen en cuenta como puntos de contacto de su enfoque espiritual. En el santuario de Dios reciben la palabra de sabiduría que ayudará a otros y les guiará hacia adelante de modo práctico y espiritual. Ven, naturalmente, las imperfecciones de los otros; pero al mismo tiempo, como el Sumo Sacerdote celestial, tienen simpatía y compasión para sus debilidades (He. 4:15). En todo esto se dan perfecta cuenta de sus propias imperfecciones, porque el Espíritu de Dios les da a conocer su propio corazón, haciéndoles humildes y llenos de gracia.

No lo generalizan todo sino que tratan de entender separadamente cada situación en su carácter especial. Sus relaciones con los demás no son frías y encartonadas, ni meramente objetivas, sino cálidas y amables con todo el mundo. El bienestar espiritual de cada persona está sobre sus corazones. Tienen intuición y pueden comprender incluso aquellos caracteres que son muy distintos de la disposición de su propia alma. En la conversación practican el alto y noble arte de escuchar al otro.

Se desprenden de su propio modo de ver las cosas, su propio círculo de intereses, sus expresiones egocéntricas, sus puntos de vista parciales y sus prejuicios, sus propias ideas y criterios. Se esfuerzan por permanecer a distancia de sí mismos, para poder vencer la distancia que los separa de los demás. Calen de su propio «yo» y se colocan en la posición de aquellos a quienes desean ayudar.

De esta manera el obrero personal, verdaderamente sacerdotal, deja atrás a su propio «yo», y se enfrenta con la personalidad del otro con quien trata, y así puede alcanzar verdadera intimidad con él. Reconoce el criterio y punto de vista del otro. Aquí empiezan a andar juntos, y alcanzan al fin ideales y objetivos elevados, comunes a los dos.

De vital importancia en el trabajo sacerdotal personal es la forma apropiada de dar admonición y aliento de carácter espiritual. Hay cuatro clases de admonición:

La admonición dura. Esta es la filípica sin compasión, sin sentimiento, que va enumerando rudamente las faltas del otro, le humilla, le juzga implacable y le condena. El único resultado de ella es crear una línea de resistencia que no existía antes. Estos «obreros» se hallan siempre ante puertas cerradas. Ellos mismos las han cerrado, por su dureza de corazón, obstinación, acerbidad. No son sacerdotes, son fariseos. No ayudan a llevar las cargas de las almas, sino que las abruman.

Contra este tipo de «pastoreo» degenerado Jesús luchó en el Sermón del Monte diciendo: «¿Y por qué miras la paja que está en el ojo de tu hermano, y no echas de ver la viga que está en tu propio ojo? ¿O cómo dirás a tu hermano: Déjame sacar la paja de tu ojo, cuando está la viga en el ojo tuyo? ¡Hipócrita!, saca primero la viga de tu propio ojo, y entonces verás claro para sacar la paja del ojo de tu hermano.» (Mt. 7:3-5).

El segundo tipo es:

La admonición legal. Esta manda y da órdenes. Hace uso del categórico: «Harás esto o aquello». Apela a la «buena voluntad», el sentido del honor y el amor propio de la persona. Apela al carácter moral del hombre. Su resultado es en el mejor de los casos que se hacen buenas resoluciones, un nuevo esfuerzo de reforma moral. El resultado final, sin embargo, es siempre la *derrota.* El resultado final, sin embargo, es siempre la *derrota.* Porque por la ley viene sólo el «conocimiento», del pecado, pero no la victoria sobre el mismo (Ro. 3:20; 8:3). Esta última se consigue sólo por la gracia. Y a pesar de todo, esta admonición legal es mucho más elevada que la de tipo farisaico.

La tercera es:

La admonición razonable. Esta se levanta un poco más que la anterior. Por ello da más fruto. Como es natural, no hemos de rechazar por completo la admonición de tipo legal. Aunque no alcanza un pleno objetivo espiritual, tiene un lugar dado por Dios en la educación general y en la historia general de la salvación (la ley mosaica). En ella el padre manda a su hijo que haga algo, sin explicarle la razón. El hijo obedece, simplemente porque se lo manda su padre, y aunque hace bien, no entienda el porqué.

La admonición razonable va más profundo en la vida interior. Nos hace ver el porqué de la orden. El que la recibe no que convence. Hace entender la orden. El que la recibe no rinde mera obediencia, sino que entiende y se considera tratado con más respeto. Esto realza su personalidad y la obediencia sale del corazón y es más noble.

Pero sólo el cuarto tipo de admonición alcanzar los fines designados por Dios:

La admonición espiritual, creativa. Esta incluye a la vez la orden y la explicación, pero va más allá que éstas en que el poder activo del Espíritu Santo está presente y es, verdaderamente, el factor esencial y decisivo. Esta conduce a una clara visión de la situación y a la convicción, a un aflojamiento de la servidumbre y a una verdadera liberación, al «propósito del corazón» obrado por el Espíritu y a una decisión genuina de la voluntad (Hch. 11:23). Conduce a la purificación y, si es necesario, a la compensación, a la consagración incrementada y a la plena entrega al Señor. Después del arrepentimiento y de la humillación se halla nuevo ánimo. No sólo da como resultado el perdón sino también la santificación práctica. No sólo es su fruto un nuevo modo de pensar sino de obrar. Y con el ánimo y la confianza irá el gozo.

Esta admonición creativa incluye siempre el aliento. En el lenguaje del Nuevo Testamento, «admonición» y «aliento» son la misma palabra en griego *(paraklesis)*. El que no sabe cómo alentar no tiene derecho espiritual a amonestar. La amonestación sin aliento no es en muchos casos más que una crítica deprimente. A la admonición fructífera pertenece una actitud confiada de la mente, que dirige al otro a los poderes siempre renovados del Espíritu Santo. Sólo así, en el amor y en el corazón de Jesucristo (Fil. 1:8), el sacerdote divino del Nuevo Testamento podrá llevar a cabo una obra fructífera de pastoreo. Porque el amor lleno de Espíritu es el alma y corazón de toda obra verdadera personal. El que no ama no puede servir. Es incapaz de «encontrar» al otro. No establece contacto con él. Sólo el amor del Espíritu Santo y la gozosa confianza en Su poder y Su obra en el alma del otro, nos rinden capaces de llevar a cabo la comisión pastoral de modo fructífero, como una parte integral del sacerdocio general del Nuevo Testamento.

Todo esto hace del sacerdocio general o de todos los creyentes del Nuevo Testamento un cauce de bendiciones. El ser una bendición significativa llevar a otros al contacto con Dios, el poner el nombre de Jehová sobre ellos.

> Habla a Aarón y a sus hijos y diles: Así bendeciréis a los hijos de Israel, diciéndoles: Jehová te bendiga, y te guarde; Jehová haga resplandecer Su rostro sobre ti, y tenga de ti

misericordia; Jehová alce sobre ti Su rostro, y ponga en ti paz. Y pondrán mi nombre sobre los hijos de Israel, y yo los bendeciré. (Nm. 6:23-27.)

Pero el que no quiere participar en el servicio de sacrificio práctico, no tiene derecho a hablar del sacerdocio general de la Iglesia. El que no está preparado para cumplir lo que el mundo espera de nosotros, y a ser colaborador en el *esparcimiento de la Palabra* y dar testimonio de Dios, ofreciendo para las misiones, u orando para las mismas, para dar testimonio personal de Cristo, y consagra a El el tiempo que tiene disponible, no tiene derecho a hablar del sacerdocio de todos los creyentes, porque su charla es vacía. Carece de vida y de realidad. Que este hombre no diga que cree realmente en el sacerdocio general en la Iglesia si no lleva una vida de oración y no acepta su parte en la campaña espiritual de oración en las reuniones de la iglesia. Si hablamos de modo crítico de los otros, en vez de orar por ellos o *pastorearles* personalmente, hemos de comprender que negamos con los hechos el sacerdocio general en la Iglesia.

El ser un «sacerdote» no significa tener una posición espiritual privilegiada sino que nos es confiada una comisión por Dios; no el haber recibido un honor, sino una orden santa. No es sólo que poseemos un título, sino que hemos de llevar una vida de servicio práctico. El que una persona haya entendido realmente el significado e importancia del sacerdocio de todos los creyentes, puede discernirse mucho mejor fuera del edificio de la iglesia que dentro, o sea, en la relación con el mundo. De los tales es verdad: «Esto era necesario hacer, sin dejar de hacer aquello» (Mt. 23:23). En todo esto es donde pasamos la prueba: en la vida práctica de cada día. Además:

El sacerdocio general y la iglesia local. Del mismo modo que el creyente individual, también la iglesia cristiana local debe tomar parte prácticamente en el sacerdocio general del Nuevo Testamento. También aquí hemos de aprender a pnsar y actuar más en términos bíblicos y novotestamentarios. Una iglesia local que no tiene espíritu misionero o bien tiene que arrepentirse o algún día tendrá que retirarse. O bien «damos la cara» como testigos de Cristo, o «desaparecemos». El Señor nos coloca delante esta alternativa: O bien hacemos obra «de misión», o el resultado final será muestra «di-misión». O alumbramos, o el candelero de la iglesia local será quitado (Ap. 2:5). La rama que no da fruto es cortada (Jn. 15:6). Según la clara orden revelada en las Escrituras el sacerdote es un «mensajero de Dios» (Mal. 2:7). El que no quiere ser testigo y mensajero de Dios niega prácticamente su parte en el sacerdocio general. Esto se aplica lo mismo al individuo que a la iglesia local.

Una iglesia local que no está realmente envuelta en la obra de procamación del Evangelio, sea por medio de la oración o enviando obreros a las misiones extranjeras o contribuyendo ofrendas de modo regular para las misiones o bien está enferma o no se ha desarrollado espiritualmente. La pereza en el testimonio y la parálisis en el celo misionero es un desconocimiento práctico del significado del sacrificio sacerdotal de Cristo en el Gólgota que abarca todo el mundo.

La obra de misión es una necesidad ordenada por Dios. «Y que se predique en Su nombre el arrepentimiento y el perdón de pecados a todas las naciones, comenzando desde Jerusalén» (Lc. 24:47). El que testifiquemos o no, no se deja a nuestra elección. Es una *orden* de Cristo. El verdadero cristiano confiesa con Jeremías: «Me sedujiste, oh Jehová, y fui seducido; eres más fuerte que yo, y has prevalecido» (Jer. 20:27).[2] Declara con Pedro: «Porque no podemos por menos de decir lo que hemos visto y oído» (Hch. 4:20). Confiesa con Pablo: «Me siento constreñido a anunciar el Evangelio» (1.ª Co. 9:16).

Como «sacerdocio», la Iglesia y los miembros individuales tienen la comisión de «proclamar». «Mas vosotros sois linaje escogido, real sacerdocio, nación santa, pueblo adquirido para posesión de Dios, para que anunciéis las virtudes de Aquel que os llamó de las tinieblas a Su luz admirable» (1.ª P. 2:9).

Las iglesias locales, según el Nuevo Testamento, no son lugares para preservar y conservar las enseñanzas y la ver-

---

2. Las palabras «me sedujiste» y «seducido» pueden ser traducidas, según el original por «me persuadiste» y «persuadido».

dad cristiana. No son círculos piadosos para al «autoedificación» emocional, sino lugares en que tiene lugar la verdadera «edificación» espiritual. Y que cada uno cuide de cómo edifica (1.ª Co. 3:10). No basta con mantenerse firme en la verdad, se necesita levantarla, como un estandarte, como una bandera victoriosa llevada adelante por los guerreros del ejército de Cristo. No podemos separar en la práctica del Nuevo Testamento la vocación del «sacerdote» de la del «proclamador», el portavoz de Dios, el «profeta». Las almas sacerdotales son ganadoras de otras almas. El templo de irradia eterna luz (cp. Ap. 21:24).

En este respecto las reuniones de oración de los creyentes tienen una significación especial. La oración de la iglesia y la obra misionera mundial están inseparablemente unidas. Si en alguna parte se manifiesta la unidad interna de la comisión profética misionera y el sacerdocio general de la iglesia, es aquí. En una iglesia local sana, la oración sacerdotal para la proclamación profética del evangelio de Dios ocupa ancho espacio. En toda reunión de oración en la iglesia local debería destinarse tiempo al esfuerzo práctico unido y a la cooperación con los siervos de Dios en el campo misionero, local y en el extranjero (Ro. 15:30-32; Col. 4:3-4; Ef. 6:18-20).

Esto se volverá al mismo tiempo una fuente de avivamiento y bendición para la iglesia local misma. En esta práctica del sacerdocio general novotestamentario, la iglesia local experimenta algo de la universalidad, y la unidad espiritual supernacional de toda la Iglesia de Dios.

Ayudará a estimular las reuniones de oración el que se lean públicamente en la reunión los informes y las cartas personales de los misioneros. Así las oraciones se volverán más tangibles, las peticiones más variadas, y todo será más directo, personal y lleno de vida y de espíritu.

Por tanto, *la iglesia local sólo demuestra que realiza su parte en el sacerdocio general del Nuevo Testamento cuando es*:

Una iglesia local con reuniones de oración regulares, con buena asistencia y llenas del Espíritu.

Una iglesia local con miembros que ayudan prácticamente y colaboran con los siervos del Señor en la cosecha mundial.

Una iglesia local con actividad enérgica y perseverante en la predicación del evangelio, por medio de la distribución de tratados, testimonio personal y, si es posible, reuniones al aire libre.

Una iglesia local con una atmósfera de amor, espiritual y cálida, en que todo el mundo trata de ayudar al otro con cuidado mutuo y caridad, en espíritu de oración, con consideración del uno para el otro, estimulándose al amor y a las buenas obras.

En una iglesia local así las reuniones y los servicios estarán también bajo la guía del Espíritu Santo, y los dones del Espíritu Santo, distribuidos por el mismo Señor, serán desarrollados según la variedad designada por Dios, en fraterna comunión, en dependencia de Cristo y en santa libertad del Espíritu (1.ª Co. 12:4-11; 14:26). Y cuando la iglesia se congregue ante la Mesa del Señor, alabando el sacrificio sacerdotal del Calvario, la adoración sacerdotal se elevará hasta el Santuario celestial, coronando así el privilegio del sacerdocio general de esta iglesia.

3. El reino de la iglesia. Las Escrituras enlazan el sacerdote con el reino, el trono celestial con el templo celestial (cp. Is. 6:1-4). Por tanto, la iglesia no es sólo un pueblo sacerdotal sino al mismo tiempo un reino (Ap. 1:6). La dignidad real, presente y futura, es la tercera gran posesión contenida en los derechos de primogenitura de la iglesia del Primogénito. Como tal la iglesia será un día el «Cetro Imperial» del Rey celeste, «la aristocracia reinante» en el venidero reino de Dios. «No temáis, manada pequeña, porque a vuestro Padre le ha placido daros el reino» (Lc. 12:32). «¿No sabéis que los santos juzgarán al mundo?» (1.ª Co. 6:2). Los redimidos un día reinarán sobre los ángeles: «O no sabéis que hemos de juzgar a los ángeles?» (1.ª Co. 6:3). «Al que venza, le daré que se siente conmigo en mi trono, así como yo he vencido, y me he sentado con mi Padre en su trono» (Ap. 3:21). «El Señor Dios los iluminará; y reinarán por los siglos de los siglos» (Ap. 22:5).

III. EL PELIGRO SERIO

Pero el autor de los Hebreos no habla realmente de los derechos de primogenitura de Esaú a fin de mostrar las glorias de la iglesia, sino para dar una advertencia. Especialmente, cuando consideramos que el fallo de la vida cristiana tiene lugar contra este fondo de dignidad, se hace esta caída aún más deplorable y reprensible. Hemos de ver los peligros y obrar en consecuencia. Hemos de contar el coste, no sólo del fiel discipulado cristiano, como el Señor dice (Lc. 14:28), sino lo que significa ser infiel. Porque el «premio» o paga de este pecado no será menos que la pérdida del goce de los más importantes privilegios incluidos en la plena posesión de los derechos de primogenitura.

La primogenitura no es lo mismo que la filiación. Esaú siguió siendo hijo de Isaac, aunque rechazó los derechos de primogenitura. En realidad recibió, a pesar de su fallo, otra bendición secundaria (Gn. 27:38, 40b). «Por la fe, *bendijo* Isaac a Jacob y a Esaú respecto a cosas venideras» (He. 11: 20). Pero, a pesar de ello, sufrió una inmensa pérdida.

Una experiencia similar, puede ser el resultado de nuestra infidelidad en cuanto a la «primogenitura» del Nuevo Testamento en el sentido espiritual. La relación con el Padre no puede ser disuelta, porque el cristiano ha pasado de muerte a vida (1.ª Jn. 3:14). Pero hay muchos valores celestiales que se juegan aquí.

La posesión de riquezas celestiales especiales, la posición como sacerdotes, y la dignidad real de gobernar son los tres honores, designados por Dios, contenidos en el derecho de primogenitura. Pero:

A pesar de todas las *riquezas* podemos vivir en la pobreza espiritual. No hay un rebosar de la plenitud celeste evidente en nosotros. No hay riquezas interiores que brillen. No hay el gozo de la redención manifestado. Aunque hijos de gozo eterno podemos andar deprimidos y afligidos; en vez de gozosos en nuestro deleite en el bendito Señor, miramos hacia atrás, suspirando por los bienes de este mundo.

A pesar de nuestra *posición sacerdotal* puede que no haya vida de oración sacerdotal. Ni corazón ni mente. Ni amante suplicación. No hay testimonio como mensajero sacerdotal al mundo. Ni agradecimiento por los muchos beneficios recibidos. Ni adoración sacerdotal genuina a Dios en espíritu y en verdad. Y, finalmente:

A pesar de nuestra *vocación real*, podemos vivir literalmente como esclavos. Todo lo que mira al mundo es esclavitud. Es una negación de nuestra nobleza espiritual (Col. 3:1-3). Todo esfuerzo pecaminoso por ganar dinero o acumular bienes terrenales nos hace «mendigos» a pesar de ser «reyes». Toda preocupación es indigna de un rey. El temor del hombre es impropio de un hijo del gran Padre y Soberano celestial. Nuestra hipersensibilidad y el ser fáciles de ofender es estrechez mental. Es lamentable y primitivo. De hecho, todo servicio al pecado hace de aquel que ha de ser rey un siervo degradado y que el pecado, que en realidad está derrotado, se comporte como un tirano.

De modo que el creyente, aunque perteneciendo a la Iglesia del Primogénito, puede negar prácticamente sus derechos de primogenitura. En vez de riquezas tiene pobreza interior; en vez de sacerdocio, separación práctica de Dios; en vez de realeza, esclavitud.

¡Cuán serias serán las consecuencias para la eternidad! Aunque no se pierda la salvación, habrá otras grandes pérdidas! Incluso Pablo, el apóstol de la gracia gratuita, subraya expresamente que el día de Cristo se revelará para la iglesia «en fuego». «El fuego mismo probará la calidad de la obra de cada uno» (1.ª Co. 3:13). Así que, puede ocurrir que la obra de toda la vida de un creyente —quizá la tuya arderá, y desaparecerá, aunque tú, como un carbón arrancado del fuego, «así como a través del fuego» seas salvo (1.ª Co. 3:15). La posición de un hijo de Dios no se puede perder, pero sí el goce total de la primogenitura celestial. En este sentido hay la urgente necesidad de asegurarse que nuestra vocación y elección sean seguras. «Porque de esta manera os será otorgada amplia entrada en el reino eterno de nuestro Señor y Salvador Jesucristo» (2.ª P. 1:10, 11).

IV. EL ERROR GRAVE

¿Cuál fue el error fatal que cometió Esaú y contra el que nos avisa en esta carta? Vendió su derecho de primogenitura por un plato de guisado de lentejas. Uno puede oír la expresión glotona de sus palabras: «Dame de comer de ese guiso rojo». Dos veces está la expresión en la Biblia, como para subrayar su falta de control. Además, su actitud materialista la recogemos en las palabras: «He aquí yo me voy a morir, ¿para qué, pues, me servirá la primogenitura?» (Gn. 25:30-32).

De todo esto vemos:

Esaú trocó las cosas espirituales, esto es, los valores verdaderos, las cosas reales por cosas visibles.

Esaú vivía para disfrutar de las cosas humanas y cambió por éstas la bendición de Dios.

Esaú vivía sin disciplina o dominio propio y cedió su posición de autoridad y honor.

Esaú «despreció» la promesa de Dios y su ofrecimiento de dignidad y se acarreó con ello la vergüenza (Gn. 27:37).

Esaú vivía para su propio «yo» y por ello tiró la alta vocación de su familia.

Esaú vivía para el presente y desechó su noble comisión para el futuro.

Esaú vivía para el instante pasajero y trocó por ello sus tesoros eternos.

Por hacer todo esto demostró que era un hombre impío y profano. Era un hijo mundializado de un patriarca electo, es decir, era un descendiente mundanalizado de un portador devoto de las altas promesas divinas. Estimó el goce pasajero más que los privilegios más nobles y permanentes ordenados por Dios. «Despreció» los derechos de su primogenitura (Gn. 25:34). El texto hebreo usa una palabra enérgica aquí. Estimó sus derechos de primogenitura como una cosa trivial y lo cambió por un plato de comida. En todo esto es evidente lo profano del corazón y mente de Esaú.

Por esta razón, a causa de su mundanalidad extrema, que Dios pudo prever, declaró ya antes del nacimiento de los dos hermanos: «A Jacob amé pero a Esaú aborrecí» (Mal. 1:2, 3; Ro. 9:13). Esto no significa hostilidad sino rechazo.

De no haber sido por este pecado de Esaú, el derecho de primogenitura habría seguido siendo *suyo*, y en todos los sucesivos desarrollos en toda la historia de la salvación, hasta el nacimiento del Mesías, habrían sido empleados *sus* descendientes como cauce humano, en vez de seguir el cauce de Jacob (Israel). Pero ahora le vemos lamentándose y pidiendo bendición (Gn. 27:34). Sin embargo, no podía alterar la actitud de Isaac. Isaac había hablado como profeta de Dios bajo la inspiración del Espíritu y esta declaración profética inspirada por Dios no podía ser cambiada. Esaú «no pudo alterar la actitud mental de su padre». No pudo cancelarse la decisión del padre. El que se vuelve atrás se somete a graves pérdidas.

Este parece ser el sentido de las palabras: No hubo lugar para que «Isaac cambiara su modo de pensar» aunque Esaú lo procurara «con lágrimas» (He. 12:17). Nótese que los traductores modernos traducen *metanoia* (alteración, arrepentimiento) en el sentido de «cambio» en el modo de pensar de Isaac, no de «arrepentimiento» de Esaú. Esto está de acuerdo con el hecho de que el Antiguo Testamento no nos dice en ninguna parte que hubo un cambio de corazón en Esaú. Eso sí, lo que nos dice es que procuró obtener la bendición (Gn. 27:34, 38).

Vemos, además, que Esaú dijo de Jacob en Génesis 27:36: «Bien llamaron su nombre Jacob [Suplantador], porque ya me ha suplantado dos veces: se apoderó de mi primogenitura, y he aquí ahora ha tomado mi bendición.» O sea, que reprochaba a Jacob por la venta de la primogenitura. En otras palabras: «Lamentaba la pérdida, no el pecado. En esto se prueba que era un verdadero hijo de los primeros padres, porque Eva y Adán se echaron la culpa el uno al otro por su conducta. Es verdad que había un punto de razón en dar la culpa a otro también responsable, pero la aflicción genuina por el pecado no busca este resguardo, sino que acepta su propia responsabilidad y es humilde. Este cambio de opinión Esaú no lo muestra en ninguna parte» (G. H. Lang).

Y ¿qué recibió a cambio de su derecho de primogenitura? ¡Un plato de guisa de lentejas!

¡Qué miserable paga da el pecado a los que le sirven!

Lector, lee los párrafos anteriores otra vez y pregúntate si no ofrecen una reflexión de tu propia actitud espiritual y práctica; incluso si no es siempre así, sí lo es, por lo menos, en parte. Por tanto, toma en serio este pasaje de Hebreos. De este punto depende muchísimo: una ganancia eterna o una pérdida irreparable.

En aquel desastroso momento, Esaú, a costa de su futuro, decidió tener satisfacción en el presente. El plato de potaje le dio placer por un momento. Pero luego vino el desengaño. Así que experimentó en su propia vida el principio de las palabras de Jesús: «El que ama su vida, la perderá» (Jn. 12:25). «Porque ¿de qué aprovechará al hombre si ganare todo el mundo y perdiere [dañare] su alma?» (Mt. 16:26).

El guerrero de la fe debe actuar en el sentido opuesto. Esto lo testificó también Pablo. Las epístolas paulinas y la Epístola a los Hebreos muestra muchas semejanzas, a veces incluso en la expresión, como vimos en el uso de los ejemplos de las carreras y la palestra de la fe. Es a la luz de esto que hemos de leer la referencia en este mismo capítulo a los derechos de primogenitura. Las dos son grandes posibilidades, pero se pueden perder en cuanto a la plenitud de su eterna posesión y gozo. Por lo tanto, se necesita la consagración sin reservas de toda nuestra vida y energía espiritual para alcanzar el premio, la corona, el «gozo que nos ha sido propuesto» (cp. He. 12:2), el derecho de primogenitura en su pleno goce, tal como ha sido designado por Dios, o sea, la abundancia de riquezas, el sacerdocio celestial y la realeza gloriosa.

Del mismo modo que Pablo dice: «Y también el que lucha como atleta, no es coronado, si no lucha de acuerdo con las normas» (2.ª Ti. 2:5).

¿Qué significa luchar «de acuerdo con las normas»? El que hace transgresión de las reglas en un juego puede ganar una victoria fácil. Yendo por un atajo en una carrera o de muchas otras maneras. La tarea se hace fácil, pero el árbitro no reconocerá esta manera «fácil» de llegar a la meta como una «victoria». El verdadero cristiano tampoco puede hacer componendas en el calor de la batalla. No puede pensar en alcanzar el objetivo si no ha pagado el coste en un esfuerzo legítimo. ¡No nos engañemos sobre esto! Cristo el Señor espera nuestra consagración *total* ¡Fuera toda clase de tapujos y componendas! ¡Fuera los intentos de ensanchar el camino estrecho! El Señor quiere tener todo nuestro corazón. De otro modo, no puede usarnos a Su servicio ni coronar nuestros esfuerzos. El ganar una corona eterna requiere el ofrecimiento de toda nuestra vida.

Como vimos en el capítulo tercero, en el Circo Máximo, el magnífico estadio del Imperio Romano, había como meta un impresionante obelisco traído de Egipto por el emperador Augusto. Hacia éste convergían los participantes en las carreras de carros y de otros tipos. Era imposible cortar las curvas, en la pista, porque había una barrera o «spina» en medio de la arena. Cada uno de los competidores tenía que correr toda la longitud de la pista. Nadie podía hacerse la victoria fácil. Tenía que dedicar toda su energía a la carrera si tenía intención de ganar el premio.

¡No nos engañemos! No hay victoria sin celo y devoción, no hay triunfo completo a menos que pongamos de lado la indolencia, no hay un verdadero ¡Sí! sin un práctico ¡No! al «yo», al pecado y al mundo. Si hay algún hábito o pecado que mantiene su poder sobre ti, o si hay un sentimiento de culpa pasada que no has enderezado todavía, pon estas cosas por orden, ponlas en claro en el poder del Señor, aunque te cueste hacerlo. Si existe alguna tensión con otra persona, procura tener una conversación con ella, aunque signifique que tiene que humillarte. No aplaces estas cosas. Si las dejas para más adelante puede que no las hagas nunca. Siempre que el Señor te confíe algún servicio de amor y caridad, hazlo con todas tus fuerzas, aunque te cueste un sacrificio de tiempo o dinero. Si tienes una oportunidad de dar testimonio para Cristo, abre tu boca con gozo, aunque se te mofen y aunque tengas que sufrir pérdidas o desventajas en tu carrera en este mundo.

Todo esto cuesta negarse a sí mismo. Pero es necesario negarse a uno mismo (Mt. 16:24, 25). Todo intento de hacer la lucha más fácil hace la victoria real más difícil y dudosa. A menos que te sometas a todas las órdenes divinas, y aceptes tu plena responsabilidad, nunca llegarás a obtener el premio glorioso y radiante el día de la coronación.

V. LA HORA DE LA DECISION

Podemos ver algo de la táctica usada por el pecado en la amarga experiencia de Esaú. El pecado utiliza los «momentos débiles» en la vida de un hombre para hacerle caer.

Esaú estaba «cansado» cuando hizo su fatal decisión (Gn. 25:29). «Te ruego que me des a comer de ese guiso rojo, pues estoy muy cansado» (v. 30).

Este es el método regular del pecado: aprovecharse de los momentos de debilidad para abalanzarse encima.

Del mismo modo Caín tuvo un momento débil a causa de los celos y dio muerte a su hermano (Gn. 4:5-8).

David tuvo su momento débil y cayó en pecado que acarreó a su casa y a la de Urías tantas desdichas (2.º S. 11: 2-5; 17:26 ss.).

Pedro tuvo su momento débil cuando negó al Maestro junto a una hoguera a causa de una sirvienta (Mr. 14:66-72).

Ananías y Safira tuvieron su momento débil cuando se comportaron como hipócritas respecto a su ofrenda al Señor y por este pecado fueron borrados de la iglesia y perdieron la vida (Hch. 5:1-10).

Pero estos momentos débiles son precisamente la hora de la decisión. En estas ocasiones se ve claro la clase de personas que somos. Una cadena tiene la fuerza de su eslabón más débil. Un frente de batalla se rompe en el punto en que las líneas son atravesadas por el enemigo.

Por esta razón no podemos excusar las derrotas de los momentos débiles indicando circunstancias desfavorables o inesperadas. La calidad de un soldado se conoce en la batalla, no en un desfile. Sólo probamos valer lo que somos capaces de hacer en las condiciones difíciles. Estos momentos débiles son los «exámenes» o «tests» de nuestra vida de fe. Las circunstancias son sólo el campo en que hay la batalla, no los factores decisivos de la misma.

El hombre pecó en el Paraíso, en circunstancias ideales para vivir de acuerdo con la voluntad de Dios. De la iglesia de Pérgamo leemos: «Yo sé [tus obras, y] donde habitas, donde está el trono de Satanás; pero retienes mi nombre, y no has negado mi fe... donde mora Satanás» (Ap. 2:13). A pesar de esta circunstancia, vivir en el antro del mismo Satanás —una ciudad idólatra— los cristianos se mantenían fieles testigos. La condición de la vida espiritual *en* nosotros no depende de las circunstancia que nos *rodean*, sino de nuestra relación con el mundo celestial *encima*, con el trono de Dios en su centro y con Aquel que está sentado en el trono. No hay, pues, que excusarse con las «circunstancias difíciles» si caemos en pecado. Y esto nos alienta por otra parte, porque sabemos que cualesquiera que sean las circunstancias, no nos pueden forzar a cometer pecado, si hay comunión con nuestro Señor. «Porque estoy persuadido de que ni la muerte, ni la vida, ni ángeles, ni principados, ni potestades, ni lo presente, ni lo por venir, ni lo alto, ni lo profundo, ni ninguna otra cosa creada nos podrá separar del amor de Dios, que es en Cristo Jesús nuestro Señor» (Ro. 8:38, 39).

Lo mismo se puede decir de nuestro servicio como testigos. Cuántas veces un creyente se excusa indicando las circunstancias desfavorables. Guarda la boca cerrada, cuando debía hablar, excusándose con que el «suelo es duro» y el testimonio sería inútil. Con frecuencia se pierden así oportunidades que Dios nos da, y una posible victoria se trueca en una vergonzosa derrota.

Y el caso es que es posible testificar en todas partes. No ha habido ningún momento en que hayan faltado en el mundo testigos de Dios (He. 11) y nunca lo habrá.

En realidad, muchas veces, cuando hay adversarios acerbos que están luchando contra la obra de Dios, se trata de períodos de «puertas abiertas». Pablo, el mayor de los misioneros, dice: «Porque se me ha abierto una puerta grande y eficaz, y son muchos los adversarios» (1.ª Co. 16:9). Puertas abiertas y adversarios van muchas veces juntos. El odio contra el mensaje del evangelio y las oportunidades para un testimonio victorioso se han visto juntas muchas veces en la historia. Lo que hemos de hacer es aprender a ser mejores testigos. Dios no necesita defensores o abogados, expertos o maestros de retórica, lo que quiere es hombres y mujeres consagrados que tengan sólo una pasión, que es El mismo, el gran Dios, Jesucristo (2.ª Co. 4:5). El método de evangelización practicado por la Iglesia primitiva fue el testimonio personal de hombre a hombre. En este respecto, también, hemos de volvernos «cristianos primitivos» y entonces la obra de Dios veremos que repite la historia de lo que ocurrió con su Divino Maestro: opuesto por el mundo, pero no derrotado; rechazado por los incrédulos, pero no refutado; se le dio la muerte, pero resucitó a la vida: «Voz de júbilo y de salvación hay en las tiendas de los justos; la diestra de Jehová hace proezas» (Sal. 118:15).

Si ésta es nuestra actitud, las oportunidades que Dios nos da para el testimonio no se convertirán en «momentos débiles» en la vida, sino ocasiones para salvar almas y momentos de triunfante gozo en el cielo y en la tierra (Lc. 15:7).

VI. EL DERECHO DE PRIMOGENITURA Y EL PREMIO CELESTIAL

Las palabras de aviso con la referencia a Esaú las hallamos en Hebreos 12, un mensaje que empieza con la amonestación de que corramos en la arena de la fe: «Corramos con paciencia la carrera que tenemos por delante» (He. 12:1). Este mensaje exige de nosotros perseverancia en correr (v. 1), el vencer todo signo de fatiga durante la carrera (vv. 3-12), un proseguir con la energía obrada por el Espíritu. Por tanto, «levantad las manos caídas y las rodillas paralizadas» (v. 12). «Haced sendas derechas para vuestros pies» (v. 13). «Seguid» (v. 14).

En este punto la Palabra de Dios indica claramente los grandes peligros que son inminentes en el caso de que el luchador fracase en la batalla. En vez de correr la carrera puedes «desviarte por tu cojera» (v. 13). En vez de vivir espiritualmente, puedes «rezagarte y no llegar a alcanzar la gracia de Dios» (v. 15). En vez de ser un cauce de bendición para otros puedes ser como una planta que contamine a otros (v. 15). Y el Espíritu de Dios quiere galvanizarse con esta alarmante exhortación: «Seguid la paz con todos y la santidad, sin la cual nadie verá al Señor» (v. 14). Porque el precio no nos será dado porque sí, sino que exige la energía de la fe y la fidelidad práctica. En vista del contexto de nuestro capítulo, el premio de la carrera debe ser considerado como el pleno goce de los derechos de primogenitura.

Hay cinco factores principales que nos muestran la naturaleza del premio.

El premio celestial no debe ser esperado como una cosa que se cae, como un fruto, sino que se debe luchar porfiadamente por él. La justificación es un don de gracia, gratuito, pero la medida de la glorificación depende de nuestra consagración personal y nuestra firmeza en la carrera. Así puede ocurrir que a un creyente que no pasa la prueba, el Arbitro, «el Señor, el juez justo» (2.ª Ti. 4:8), le declare «descalificado» para el premio (1.ª Co. 9:27). No recibe corona de victoria. «No sea que habiendo proclamado a otros, yo mismo venga a ser reprobado.» La palabra «reprobar» es en griego *(adohimos)* la usada por «exclusión» de un premio. Esta es una posibilidad seria para cada creyente.

Y con todo: *el premio celestial no es idéntico con la salvación eterna, sino asociado con los varios grados de glorificación.* El corredor sin premio no se pierde eternamente. Esaú perdió la primogenitura, pero sigue siendo hijo. Aunque la Escritura habla con términos enérgicos de la «pérdida» (1.ª Co. 3:15), de «avergonzarse» cuando la venida de Cristo (1.ª Jn. 2:28), de «quemarse» toda la obra de la vida (1.ª Co. 3:13, 15*b*) de modo que, el que se salva, «lo hace como a través del fuego»; con todo se deja siempre claro que el tal, *será* salvo.

Así que gracia y premio se presentan como cominados y con todo, como opuestos armoniosos, como los polos de la aguja imantada, juntos inseparablemente. La relación es constantemente establecida entre nacer de nuevo y ser perfeccionado, ser salvo y ser glorificado, recibir la gracia y rebir la corona, esto es, entrar en la pista y recibir el premio al final.

En todo esto el resultado doble en nuestra vida diaria dediaria debería ser gozo y fervor, agradecimiento y sentido de responsabilidad, certeza de la salvación y temor de Dios. Sólo en la realización de estos dos opuestos y armoniosos polos de la experiencia cristiana es posible la verdadera santificación bíblica.

El premio celestial no es igual para todos sino que está graduado según la fidelidad. Las tres principales bendiciones de la primogenitura del Nuevo Testamento son las riquezas celestiales, el servicio sacerdotal y la dignidad real, y la plena posesión de estos derechos son el premio.

Cuanto más uso fructífero ha hecho un miembro de la «Iglesia del Primogénito» de las *riquezas* espirituales que le han sido confiadas por el Señor durante esta vida, más gozará de la plenitud de la bendición en la eternidad (cp. Mt. 25:21, 23).

Cuanto más un miembro de la «Iglesia del Primogénito» ha asumido realmente los derechos y obligaciones del *sacerdocio* general, más grande y más glorioso será su servicio como sacerdote en el templo celestial (Ap. 3:12; 1.ª P. 1:5, 4).

Cuanto más haya vivido dignamente de su *vocación regia* aquí en la tierra un miembro de la «Iglesia del Primogénito» más elevada será su posición en el reino de la gloria. Reinará con Cristo para siempre jamás (2.ª Ti. 2:2; Ro. 8:17; Ap. 22:5).

De modo que, con cuanta más fidelidad haya respondido un miembro de la «Iglesia del Primogénito» a sus derechos de primogenitura espiritual aquí en la tierra, más rico y extenso será su gozo de los derechos de la primogenitura en la eternidad.

El premio celestial no será concedido a los pagados de sí mismos y autoconfiados, sino sólo a los que se han esforzado y proseguido adelante. No todo creyente obtendrá el premio pleno de su alta vocación de Dios en Cristo Jesús. Y menos que nadie los que se consideran dignos de él. No en vano ha dicho el Señor: «Bienaventurados los que tienen hambre y sed de justicia; porque ellos serán saciados» (Mt. 5:6). Es decir, en el énfasis del original: sólo aquellos serán saciados; la promesa es exclusiva. Y Pablo declara: «¿No sabéis que los que corren en el estadio, todos ciertamente corren, pero uno sólo se lleva el premio? Corred de tal manera que lo obtengáis» (1.ª Co. 9:24). «Y también el que lucha como atleta, no es coronado si no lucha de acuerdo con las normas» (2.ª Ti. 2:5). ¡Ay de los que están seguros de sí mismos, satisfechos y saciados! Un gran desengaño les espera» (1.ª Jn. 2:28). Pero ¡bienaventurados los que tiene hambre y sed! Los que son consciente de sus imperfecciones y por ello se esfuerzan con mayor denuedo.

En todo esto rige el siguiente hecho:

El premio celestial no es ganado por los esfuerzos humanos y terrenos, sino sólo por el poder que la gracia da a la fe. Todos nuestros esfuerzos son sin valor o fuerza. Aun los mejores ideales y esfuerzos no nos pueden llevar a la meta. Sólo Cristo puede hacerlo. Por ello el corredor mira a El, de donde viene todo poder. Cada victoria sobre el pecado, cada acto de crecimiento en la santidad, todo progreso en la carrera es enteramente un don de su gracia gratuita. No hay mérito humano en él. Sólo el que vive por los dones de la gracia puede alcanzar el objetivo en pleno triunfo.

Y ¿qué ocurrirá cuando el gran día de los premios llegue finalmente? Delante de Dios sólo cuenta Su propia obra: nosotros no hemos hecho nada. Todo ha sido dado por El, y ahora, además de todo lo recibido, se nos añade una corona de honor sempiterno. Esto significa que El derrama Sus dones por el simple hecho de que nosotros hemos aceptado en fe Sus dones hasta aquel momento. Nos bendice en la meta, porque hemos aceptado sus bendiciones durante la carrera. Por tanto, aunque condicionado a la consagración del que va a ser coronado, el premio de la carrera, el pleno goce de los derechos de primogenitura celestial, es un don completamente inmerecido que nos entrega gratuitamnte el Dios generoso de toda misericordia. Es un «premio» procedente de la «gracia». Con razón dijo Tauler, el gran místico alemán medieval (c. 1400), que cuando al final Dios nos dará las coronas, no va a coronarnos a nosotros, sino a Cristo en nosotros, porque sólo El es digno de la corona.

Vi en la Torre de Londres un tesoro magnífico. Estaba en el sótano de la Torre de Wakefield. Me refiero a las joyas de la corona del Imperio Británico. Espadas, perlas, vasos de oro, diamantes, piedras preciosas. La cuchara de oro con que se ungen los reyes británicos desde hace 700 años. El cetro del Imperio con su cruz de oro, engastado en joyas y diamantes. Las riquezas acumuladas allí son indescriptibles.

Pero todas estas coronas de la tierra no son nada comparadas con las coronas que Cristo nos concederá. La «corona de justicia» (2.ª Ti. 4:8), la «corona de gozo» (1.ª Ts. 2: 19), la «corona incoruptible» (1.ª Co. 9:25, 26), la «corona de gloria» (1.ª P. 5:3, 4). Todas las coronas terrenales palidecen ante éstas. Todas son insignificantes comparadas con lo eterno y divino. Las glorias de este mundo no son dignas ni de ser comparadas con las glorias que han de sernos reveladas (Ro. 8:18).

Ramas de olivo, de laurel, palmas y vestidos de honor eran regaladas a los corredores victoriosos en las carreras griegas. Cristo da a los que le han servido fielmente una corona *celestial.*

El laurel y el olivo y las palmas se marchitan. La corona de Cristo permanece siempre igual. Esta es una *posesión* incorruptible (1.ª P. 1:4), un *sacerdocio* adorando para siempre, una dignidad y *autoridad real* por toda la eternidad (Ap. 22:5). Vemos otra vez las riquezas, el sacerdocio y la realeza unidos como premio para el vencedor, para siempre jamás.

Todo esto si ponemos los ojos en Jesús y *¡corremos!*

Como «Primogénito de entre los muertos», Cristo es el gran vencedor sobre la combinación de sus enemigos: pecado, muerte y Satanás. El es, pues, el Pionero y decisivo Vencedor en toda situación. El, que venció la batalla más grande de todas, vencerá también en las pequeñas, hasta el triunfo final.

Como el «Primogénito entre los hermanos», El nos deja participar de su gloria en el cielo (Ap. 3:21; Jn. 17:22) y alcanzar la plena bendición de los derechos de primogenitura, designados para los primogénitos, las primicias de sus criaturas» (Stg. 1:18). El, que después de su propio victoria ha alcanzado la meta triunfante y está coronado de gloria y honor (He. 2:9), da a cada uno de los vencedores en la carrera la corona de gozo y de honor.

Por tanto, una vez más, mientras corremos la carrera en la pista de la fe,

«¡Puestos los ojos en Jesús!»

8

¡Atención!
¡Dios está hablando!

Porque no os habéis acercado al monte que se podía palpar, y que ardía en fuego, a la oscuridad, a las tinieblas y a la tempestad, al sonido de la trompeta, y a la voz que hablaba, tal que los que la oyeron suplicaron que no se les hablase más, porque no podían soportar lo que se ordenaba: Si aún una bestia toca el monte, será apedreada, o traspasada con dardo; y tan terrible era el espectáculo que Moisés dijo: Estoy espantado y temblando.

Sino que os habéis acercado al monte de Sión, a la ciudad del Dios vivo, la Jerusalén celestial, a la asamblea festiva de miríadas de ángeles, a la congregación de los primogénitos, que están inscritos en los cielos, a Dios el Juez de todos, a los espíritus de los justos hechos perfectos, a Jesús el Mediador del nuevo pacto, y a la sangre rociada que habla mejor que la de Abel.

Mirad que no desechéis al que habla. Porque si no escaparon aquellos que desecharon al que los amonestaba en la tierra, mucho menos nosotros, si desechamos al que amonesta desde los cielos, cuya voz sacudió entonces la tierra, pero ahora ha prometido diciendo: Aún una vez, y sacudiré no solamente la tierra, sino también el cielo. Y esta frase: Aún una vez, indica la remoción de las cosas movibles, como cosas hechas, para que queden las inconmovibles.

> Así que, recibiendo nosotros un reino inconmovible, tengamos gratitud, y mediante ella sirvamos a Dios agradándole con temor y reverencia; porque nuestro Dios es un fuego consumidor. (Hebreos 12:18-29.)

CUANDO DIOS HABLA, el hombre debe prestar atención. Cada vez que la voz de Dios ha hablado se dirige a nosotros personalmente. En estas ocasiones, nuestro pequeño «yo» se enfrenta directamente con su Suprema Majestad, y éstos son momentos de decisión. Hay que hacer una decisión, tanto si queremos prestar **atención** como si no queremos, **y es** la decisión de obedecer o no hacer caso; reconocer sus derechos y autoridad redentora sobre nosotros o bien endurecernos y no prestar la menor atención.

La introducción a la segunda parte del libro de Isaías, **este gran profeta** y atrevido «evangelista» del Antiguo Pacto» es en extremo impresionante:

«La *voz* que clama» (Is. 40:3).
«La *voz* de uno que dice» (Is. 40:6).
«Levanta fuertemente tu *voz*» (Is. 40:9).

Di:

«*He aquí* a vuestro Dios» (Is. 40:9).
«*He aquí* que Jehová el Señor vendrá» (Is. 40:10).
«*He aquí* que su recompensa viene con El» (Is. 40:10).

Notemos: Tres veces la palabra «voz».
       Tres veces: «He aquí».

Estas palabras suenan a nuestros oídos espirituales como un poderoso clamor de trompeta:

¡ESCUCHAD! ¡ATENCION! ¡Hay algo que debéis *oír*!

¡Mirad! ¡ATENCION! ¡Hay algo que debéis *ver*!

O, como está escrito en Apocalipsis en las siete cartas a las iglesias: «El que tiene oído, oiga lo que el Espíritu dice a las iglesias» (Ap. 2, 3). Esto significa: todo aquel que tenga la habilidad de percibir las cosas de Dios en su corazón, el que posea un órgano espiritual para recibir la Palabra de Dios en su alma, debe escuchar. El que pueda sintonizar con las ondas de la eternidad preste atención. Reconozca que éste es el momento de hacer una decisión.

Este es el mensaje especial de la sección final de Hebreos 12: «Mirad que no desechéis al que habla» (He. 12:25).

«¡Puestos los ojos en Jesús!» «¡*Escuchémosle!*»

Hay cuatro importantes razones que refuerzan esta orden. Se erigen como cuatro puntos de admiración, para subrayar el aviso y exhortación del Nuevo Testamento. No es posible evitar el oírlos y verlos. Al mismo tiempo el texto vuelve la mirada al Antiguo Testamento y saca la conclusión: Si en aquellos tiempos se requería del pueblo que oyera, ¡cuánto más debemos escuchar ahora la voz de Dios! Si los santos del Antiguo Testamento, que vivían en los tiempos introductorios de la preparación de la salvación tenían que prestar atención y ejercitarse en la obediencia práctica por la fe, ¡cuánto más nosotros que vivivos en los tiempos del cumplimiento del Nuevo Testamento! Es precisamente esta relación y la comparación entre el que seamos llamados «hoy» y la llamada de Dios en la historia de la redención «ayer», que hace esta orden del Nuevo Testamento tan impresionante y poderosa: «¡Escuchad; Dios está hablando!»

Ante todo, sin embargo, la Escritura nos presenta las riquezas de la salvación que los creyentes poseen y por las cuales son responsable ante Dios.

I. LAS RIQUEZAS CELESTIALES
DE LA IGLESIA DE DIOS

Hay tres hechos maravillosos que destacan ante nuestra vista con resplandor siempre creciente.

1. Como creyentes hemos pasado a ser posesores espirituales. La Epístola a los Hebreos dice: «*Os habéis* acercado al monte de Sión» (12:22). Se usa un tiempo perfecto *(proselelythate)*: Ya ha ocurrido. Es un hecho. *Habéis* ocupado una posición de gracia. *Habéis* alcanzado un lugar firme. Estáis al pie del monte celestial de Dios. Aunque la ascensión y el alcanzar la cumbre no se completará hasta que alcancemos la gloria, ya en la presente posición, estáis firmemente conectados con la eternidad, esto por la gracia, como base y punto de partida para nuestra futura exaltación.

Se ha dicho, con razón, que los creyentes son la única clase de personas del mundo que realmente *poseen* algo. Porque todas las posesiones «terrenas» no son prestadas. En el mejor de los casos se nos permite hacer uso de ellas hasta donar toda posesión terrenal, y hemos de dejar el mundo el fin de la vida. Pero entonces nos vemos forzados a abantan vacío cuando llegamos.

Además, incluso *durante* este limitado período en que podemos usar las cosas terrenales, éstas nunca se hallan íntimamente enlazadas con la esencia del hombre interior. Posesor y posesión permanecen dos entidades distintas y separadas; están enfrentadas, como sujeto y objeto, pero nunca son una sola. No hay bienes terrenos que se unan orgánica o espiritualmente con la esencia central de la personalidad del hombre. Por esta razón Jasón llama a toda propiedad cosas «extrañas», esto es, que no entran realmente en el alma, no pasan a nuestra esencia espiritual y sus intereses profundos, y, por tanto, no son realmente «nuestros» (Lc. 16: 12), sino que pertenecen, por así decirlo a «otro». Esta relación nunca alcanza la unidad, permanece una dualidad.

Pero los bienes celestiales entran en nuestra propia naturaleza. Por tanto, no sólo hemos «recibido» la luz, sino que «somos» la luz (Ef. 5:8). No sólo «hemos recibido» justicia, sino que «somos» justicia en El (2.ª Co. 5:21). La posesión celestial de la salvación ha sido orgánicamente injertada en nuestra personalidad por Cristo por medio del Espíritu Santo. En este sentido los creyentes reales son verdaderos posesores.

2. Como posesores de bendiciones espirituales ya hemos recibido bienes celestiales del mundo venidero. Hemos llegado al «Monte Sión», la «ciudad del Dios vivo», la «Jerusalén celestial», la «asamblea festiva de miríadas de ángeles», que están viviendo en la eternidad (He. 12:22, 23). *Hemos ya llegado*, en principio, allí donde en plena realidad viviremos para siempre. El futuro ya es presente. Hoy mismo ya poseemos el mañana. En la tierra tenemos el cielo. Hemos sido transportados a «lugares celestiales» con Cristo (Ef. 2:6). No sólo hemos sido crucificados con El, sepultados y levantados con El otra vez (Ro. 6:3-6) sino que por medio del Espíritu Santo hemos experimentado Su ascensión en nuestra unión con El. La vida eterna nos pertenece ya en estos momentos (Jn. 3:16, 36; 5:24).

La expresión «lugares celestiales» ocurre sólo en la carta a los Efesios, donde se usa cinco veces. La expresión se ha traducido de varias formas: «*bienes* celestiales», «*bendiciones* celestiales», o «*reino* celetial», especialmente en Efesios 1:3. Pero los otros contextos muestran claramente que la idea es «región, lugar», en un sentido local. En Efesios, Pablo dice: «Sentándole a Su diestra en los lugares celestiales.» No cabe duda de que la idea es de localización. Otras citas son Efesios 2:6: «Nos hizo sentar en los lugares celestiales con Cristo Jesús». En Efesios 3:10 dice: «Dada a conocer por medio de la Iglesia a los principados y potestades en los lugares celestiales». La interpretación, pues, no es dudosa. Se trata de «lugares» celestiales.

La idea importante detrás de todas estas citas es que el cristiano con su nuevo nacimiento ha nacido a una vida celestial. Su ciudadanía es en los cielos. Su vida entera está condicionada por el cielo. Su gozo es de naturaleza celestial. El objetivo de su vida es el mismo cielo (Fil. 3:20). De la misma manera que Cristo es el postrer Adán, espíritu vivificante, «celestial», igualmente nosotros, siendo miembros de Su cuerpo, somos también «celestiales» (1.ª Co. 15:48).

Así que el cristiano, en tanto que viva en la tierra, vive en dos mundos. Pertenece al cielo y a la tierra simultáneamente. En esto reside su nobleza. Aquí se halla la tensión de su vida. Sabe que Cristo es su Redentor, ha sido exaltado, está en el cielo (Fil. 2:9; Ef. 4:10), y al mismo tiempo el cristiano está revestido de El en la tierra (Ef. 3:17). Y él mismo, el redimido, está viviendo todavía en la tierra (Jn. 17:11) y ya ha sido trasladado al cielo, con Cristo, en los lugares celestiales (Ef. 2:6).

La conexión viva entre los dos lados de la situación del cristiano es el Espíritu Santo. Porque el Espíritu descendió de «Cristo *arriba*», desde el cielo a la tierra (Hch. 2:33), y el Espíritu, como «Cristo *en* nosotros», nos eleva de la tierra al cielo (Col. 1:27; 2.ª Co. 3:17, 18).

Sólo con esta base es posible tener la mente prácticamente en el cielo. En tanto que el creyente no entiende su posición celestial en Cristo, vacilará entre la *mundanalidad* y el *legalismo*. Porque, o descuidará su comunión con el Señor y sus relaciones con el mundo celestial y se dejará cautivar por las cosas terrenales, buscando las cosas de aquí «abajo», poniendo su mente en ellas, o se esforzará por su cuenta para mantenerse en el celeste «arriba», pero de una manera legal, esclavizante, sin gozo. De ello resulta que nunca alcanza una vida victoriosa realmente, por el mero hecho que le falta la claridad de la comprensión espiritual y la visión de fe en cuanto a su posición en la gracia y en los recursos celestiales que están a su disposición. Lo que necesitamos es un reconocimiento agradecido de la gracia gratuita que nos es dada en Cristo, un reconocimiento práctico de nuestra posición celestial, y echar mano de los dones de Dios en una actitud de consagración del corazón y de la vida. De este modo nuestra mente, centrada en lo celestial, inspirará nuestra acción en todas las áreas de la vida y la saturará en todas las direcciones y relaciones.

Por tanto, demos gracias por la redención ya recibida. Si el pecado ataca, no *pidas* la victoria, sino que al punto da gracias al Señor *porque* te ha hecho libre de la esclavitud del pecado. Cuando Josafat fue a la guerra contra los moabitas y los amonitas, *antes* del comienzo de la batalla, ordenó a los cantantes y arpistas que cantasen y alabasen a Jehová, vestidos de ornamentos sagrados, y el Señor dio a Su pueble la victoria (2.º Cr. 20:21, 22). De la misma manera, el gozo en el Señor será nuestra fortaleza.

Y aún hay más:

3. Como posesores de bendiciones del mundo eterno venidero —dentro de esta esfera de los lugares celestiales— hemos sido asociados, no simplemente con algunos niveles elevados de esta eternidad, sino con el nivel y las personas más importante, es a saber el nivel central y supremo. La descripción que da Hebreos 12 del Monte Sinaí, del Antiguo Testamento, es séptuple. Los israelitas habían llegado:

A un monte que se podía palpar

A fuego ardiente

A la oscuridad

A las tinieblas

A la tempestad

Al sonido de la trompeta

A la voz de alguien que hablaba que no se podía soportar
(He. 12:18-20).

La descripción de los lugares celestiales, las cumbres de
la salvación del Nuevo Testamento, es óctuple. Habéis llegado:

Al monte de Sión

A la ciudad del Dios vivo

A la Jerusalén celestial

A la asamblea festiva de miríadas de ángeles

A la congregación de los primogénitos inscritos en los
cielos

Al Juez de todos

A los espíritus de los justos hechos perfectos, y finalmente,

A Jesús, el Mediador del Nuevo Pacto

A la sangre rociada que habla mejor que la de Abel (He.
12:22-24).

Se pueden distinguir claramente dos grupos de realidades
celestiales aquí. El primero comprende seis realidades; el segundo, los dos últimos miembros de esta cadena de oro.

Los miembros del primer grupo están caracterizados por
su trascendencia y su naturaleza celestial, los del segundo grupo, por la gracia. La gloria predomina en los tiempos, la salvación en los últimos.

Los primeros se pueden considerar desde dos aspectos:
hemos sido llevados a las *regiones* celestiales centrales: el
Monte Sión, la ciudad del Dios vivo, la Jerusalén celestial; y
a los más gloriosos de los *seres* espirituales glorificados,
esto es, a personas que o bien residen en el cielo, o en las
regiones de las bendiciones celestiales, a saber, a Dios, el
Juez de todos, sus innumerables ángeles, los primogénitos que
están inscritos en los cielos, los espíritus de los justos hechos perfectos.

El que en medio de la descripción de las glorias novotes-
tamentarias de Dios se le llame el «Juez de todos» no significa que, a pesar de nuestra salvación, hemos de hacer frente a algo terrible que va a disolver nuestro gozo, como si al

final, todo fuera todavía incierto y Dios, como juez, pudiera algún día condenarnos: no, significa que el gran don del evangelio es precisamente éste, que hemos sido ya reconciliados con el Juez, que podemos entrar a su presencia sin temor y El se complace con nosotros. La gran comunidad de la cual somos ciudadanos está regida por la justicia. Su cabeza es el Divino Juez, que elimina toda injusticia, que ayuda y libera a los oprimidos y que da a todos su debida posición y dones conforme a su Santo y Divino orden de justicia.

Algunos expositores sugieren que, además de esto, hay todavía una mayor bendición expresada aquí. La frase «os habéis acercado» que introduce las ocho bendiciones enumeradas en relación con esta cadena de oro de personas celestiales, realidades y bendiciones, tiene en los otros siete casos al parecer la significación: «habéis venido a *participar* de estas dignidades mencionadas.» O sea, «habéis venido a participar de las bendiciones del Nuevo Pacto», «habéis venido a participar en los resultados salvadores de la sangre del rociamiento que habla mejor que la de Abel». De modo que, interpretando estas cláusulas con uniformidad, lo siguiente puede ser el sentido de la afirmación: «habéis venido a Dios, el Juez de todos»; «habéis venido a participar con El del honor del cargo indicado por este título». Según Pablo, habéis venido a participar del cargo de Dios como Juez: «¿O no sabéis que hemos de juzgar a los ángeles? Cuánto más las cosas de esta vida» (1.ª Co. 6:2, 3). Los apóstoles tienen seguro este cargo con relación a Israel como nación (Lc. 22:28-30). El mismo pensamiento es sugerido por la promesa de sentarnos en el trono con Cristo, el Juez (Ap. 3:21), esto es, a causa de sernos concedida la realeza, pues, desde antiguo el rey era el juez principal del pueblo; y por la promesa a los santos que venzan, de que regirán las naciones (Ap. 2:27). «En la administración de su gran reino, y la evaluación y premio de los asuntos de las épocas de la historia humana y angélica, los santos glorificados estarán asociados con el Rey de gloria» (G. H. Lang).

La «congregación de los primogénitos que están inscritos en el cielo» se refiere, sin duda, a los creyentes que viven, en la presente dispensación, aquí en la tierra. También en todos los otros pasajes de la Escritura en que se halla la palabra *ecclesia* (iglesia), se refiere a seres humanos sólo (raramente ángeles, como en Sal. 89:6), significando el cuerpo de los redimidos que viven en la presente forma de comunión espiritual y orgánica de vida y fe aquí en la tierra. Indica el lado invisible y celestial de la Iglesia, su eterna nobleza que la Iglesia posee ya hoy, aunque ahora viva en este mundo y no en el mundo venidero todavía. Los creyentes «no están» todavía en el cielo, pero ya están «inscritos» en el cielo. Por la gracia tienen ya derecho al cielo. Su nombre ya está en el cielo, aunque no esté su persona. Tienen su patria en el cielo, son ciudadanos por derecho del cielo, y su meta es el cielo (Fil. 3:20). Están registrados en el cielo. Si se refiriera al hecho de que hubiera ya en el cielo algunos, hecho perfectos, no se habría usado la expresión de que sus nombres están «inscritos» en el cielo. Porque esta designación sin duda subraya el *contraste* entre la elevada vocación de un grupo de personas referidas a «aquí y en una situación presente humilde», que están luchando pero que todavía no han ganado, en esta tierra.

De la misma manera Pablo dice de sus «colaboradores» en el evangelio que «sus nombres están en el libro de la vida» (Fil. 4:3), usando esta expresión para designar contemporáneos suyos, y, por tanto, miembros de la Iglesia de Cristo en la *tierra*. De la misma manera el Señor dijo a los Setenta que había enviado y retornaron gozosos después de haber realizado grandes milagros: «No os regocijéis de que los espíritus se os someten, sino regocijaos de que vuestros nombres están escritos en los cielos» (Lc. 10:20). La expresión se refiere a personas que viven en la *tierra* y creen en Cristo, aquí también.

Los verdaderos creyentes pertenecen en la realidad a los rangos y regiones que tienen su centro en el trono de Dios y del Cordero (Gá. 4:26; Ef. 2:18). Aunque están todavía en la tierra y viven en el tabernáculo perecedero de este cuerpo, con todo están mucho mucho más cerca del rostro de Dios, del goce de los tesoros del Hogar, y de la comunión con aquellos que le rodean a El, que el pueblo del Antiguo Pacto, cuando se les permitió acercarse al monte en que apareció la gloria de Dios, pero a los cuales se prohibió que tocaran el monte bajo pena de muerte. Su «acercarse» se limitó a «quedarse a distancia».

Es, sin embargo, el maravilloso privilegio de la salvación del Nuevo Testamento, el que la fe nos dé verdadero acceso y verdadera entrada en el mundo de Dios, en la actualidad. Así estamos mucho más cerca del Monte. Sión celestial, que *no podemos ver*, que el Pueblo de Israel del Monte Sinaí, que ellos *podían* ver con sus propios ojos.

En relación con este pueblo de Dios viviendo en la tierra, están mencionados también «los espíritus de los justos hechos perfectos» (He. 12:23). De modo que los justos en el cielo están relacionados con la Iglesia de la tierra. El pueblo de Dios «arriba» y el pueblo de Dios «abajo» son considerados como una unidad. Porque el reino de Dios une el cielo y la tierra, el pasado y el presente. Incluso la muerte no puede disolver o romper la unidad del reino de Dios. Su «espacio» como cielo, paraíso o tierra, y su «tiempo» como pasado y presente, forman un organismo uniforme que tiene armonía y unidad, abrazando dones y dispensaciones, tiempo y eternidad.

Los dos últimos eslabones de nuestra cadena de oro de Hebreos 12 hablan de la gracia y la salvación: de Jesús el Mediador del Nuevo Pacto, y de la sangre del rociamiento que habla mejor que la de Abel. Así la descripción del Monte Sión celestial termina refiriéndose a la obra redentora del Salvador, y las tres montañas más importantes en la historia aparecen ante nuestros ojos espirituales:

El ardiente Monte Sinaí, envuelto en torbellinos
El radiante Monte Sión, la Jerusalén celestial
La humilde colina llamada Gólgota.

Esta última, sin embargo, es el maravilloso camino de la salvación. La obra del Salvador se cumplió en esta colina terrena, Gólgota, y ha traído a todos los que creen a la celestial Sión— excluyendo las obras dependientes del Monte Sinaí, del Antiguo Testamento.

De modo que todas las riquezas celestiales se hallan delante nuestro en la visión:

Las más altas regiones celestes
Las más gloriosas personas celestes
Las fuentes y recursos inagotables celestes de la gracia y
la salvación.

Y todo esto ha sido abierto para nosotros por la sangre de Jesús, nuestro Substituto y Redentor, Su preciosa sangre derramada por nosotros en la cruz del Calvario.

No estamos destinados a vivir en las «provincias externas o fronterizas» en el cielo, por así decirlo, sino en el palacio central del Altísimo mismo, en su ciudad eterna, en la Jerusalén celestial: de la misma manera que la residencia y palacio real del Rey David estaba, en su tiempo, en la Jerusalén terrena, en el Monte Sión. La voluntad de Dios es que nos juntemos a El. Se nos llama a reinar con Cristo y a vivir en su capital celestial, en la ciudad del Dios vivo, en el centro del super-cosmos, en la gloriosa metrópolis del mundo trascendente de la Eternidad. Por esta razón Cristo escribirá el nombre de la ciudad de su Dios en las frentes de los que venzan: «Y escribiré sobre él, el nombre de mi Dios, la nueva Jerusalén, la cual desciende del cielo de mi Dios» (Ap. 3:12). Pablo dice: «Mas la Jerusalén de arriba, la cual es madre de todos nosotros, es libre» (Gá. 4:26).

¿Cómo podríamos haber alcanzado todo esto si la sangre del Hijo de Dios no hubiera fluido, la «sangre del rociamiento que habla mejor que la de Abel», la sangre que significa que El ha pasado a ser el «Mediador del Nuevo Pacto»? La sangre de Abel clamó venganza (Gn. 4:10), la sangre de Jesús proclama gracia.

El cielo se halla abierto, ¿sabes alma por qué?

El conocido predicador C. H. Spurgeon, que durante decenios predicó domingo tras domingo el mensaje de salvación a miles en su vasto Tabernáculo en Londres, fue, sin duda, un siervo de Dios privilegiado, por sus dones y sus conocimientos. Sus dones espirituales e intelectuales eran tan extraordinarios como su ministerio. Al final de su vida, después de años de servicio fructífero, dijo a sus amigos que le visitaban en su lecho de muerte: «Hermanos, mi teología ha sido muy simple: cuatro palabras:

Jesús murió por mí.»

Esta es la confesión de todos los creyentes verdaderos: «Jesús murió por mí.» Este será el canto de los redimidos en la gloria. Por siglos eternos en la *celestial* Sión, la adoración y alabanza será a los sufrimientos y obra del Salvador realizada en el *terrenal* Calvario:

> Y vi, y oí, la voz de muchos ángeles alrededor del trono, y de los seres vivientes, y de los ancianos; y su número era miríadas de miríadas y millares de millares, que decían a gran voz: El Cordero que ha sido inmolado es digno de tomar el poder, las riquezas, la sabiduría, la fortaleza, el honor, la gloria y la alabanza. (Ap. 5:11, 12.)

Pero todo esto es sólo un lado de la verdad que consideramos. El ensalzar las glorias de la salvación de Dios, presentes y futuras, espirituales y eternas no es el principal objeto de nuestro pasaje, cuando consideramos todo el contexto de Hebreos 12:18-22. Aunque se expresan aquí claramente no se hallan en primera línea en el texto sagrado. Notemos que toda esta sección de la Escritura está introducida por la pequeña palabra «porque». «*Porque* no os habéis acercado al monte... [del Antiguo Testamento], sino que os habéis acercado al monte de Sión [el monte celestial].» No se trata, pues, de una línea independiente de pensmiento, completa en sí misma, sino que forma parte de un razonamiento. Este «porque» está en función de otros pensamientos más importantes, y sólo sirve como prueba. La línea central de pensamiento está bien claramente en la orden a la santidad práctica: «Por lo cual, levantad las manos caídas y las rodillas paralizadas... Seguid la paz con todos y la santidad, sin la cual nadie verá al Señor... Porque no os habéis acercado al Monte Sinaí del Antiguo Testamento [la ley], sino al glorioso monte de la salvación del Nuevo Testamento.» Esta es la idea central.

Nos trae a la vista el mensaje principal de la sección final de este capítulo. La referencia al glorioso estado o posición de los redimidos en gracia es usada para subrayar lo serio de su responsabilidad personal. Debido a que somos tan ricos en Cristo y debido a nuestro premio eterno tan glorioso, se requiere de vosotros una consagración práctica y completa. Debido a que el Arbitro divino presenta un objetivo celestial el luchador en «la palestra de la fe» tiene que seguir adelante.

II. LAS OBLIGACIONES SAGRADAS DE LOS LLAMADOS A LA GLORIA CELESTIAL

Podemos reconocer aquí tres aspectos.

1. Las riquezas (nobleza) exigen sentido de obligación.
Por el mero hecho de haber recibido tantas bendiciones de Dios, se espera de nosotros toda esta consagración y santificación. En la vida terrena, las deudas generalmente resultan de la pobreza; en la vida espiritual, sin embargo, nuestras «deudas» resultan de nuestras riquezas. Pablo dice en Romanos: «Soy deudor». Está hablando de su comisión personal misionera; pero el principio es todavía válido de un modo general. Debido a que poseemos la salvación, somos «deudores» y hemos de pasarla a otros. Debido a que poseemos tal plenitud de bendiciones, debemos vivir en el poder de la victoria espiritual. Debido a que somos reyes, debemos vivir a la altura de nuestra posición regia. Los nobles deben conducirse con nobleza. El que intenta alcanzar la meta debe conformarse a las normas, o sea, la naturaleza y carácter de su objetivo. Habiendo sido destinados al cielo y a la gloria, hemos de vivir en la tierra de un modo «digno» de nuestra vocación celestial (Ef. 4:1).

Cuanto mayores las riquezas, más extensas nuestras obligaciones. Cuanto más abundantes los dones de gracia, más sería la responsabilidad del que recibe. «A quien se le haya dado mucho, mucho se le exigirá» (Lc. 12:48).

Para subrayar esta exigencia tan seria el texto sagrado nos da cuatro razones importantes, comparando las situaciones espirituales del Antiguo y del Nuevo Tetamento.

¡Atención! ¡Dios habla! ¡Prestad más atención! Porque el NIVEL Y ALTURA DE LA SALVACION en el Nuevo Testamento es más elevado.

Si los santos del Nuevo Testamento tenían que ser obedientes, mucho más nosotros. Si ellos tenían que oír la voz de Dios, mucho más tenemos que escuchar nosotros. Por tanto, «mirad que no deselléis al que habla». En nuestros tiempos, en la dispensación de la salvación del Nuevo Testamento, la atención y la obediencia son más requeridas aun que antes, más que en cualquier tiempo de la historia de la revelación. En esta obediencia de fe los santos del Nuevo Testamento deben exceder a todas las precedentes generaciones en consagración y santificación.

Este es el significado de comparar y contrastar el Monte Sinaí y el Monte Sión celestial en nuestro pasaje. Debéis progresar en la santificación, *«porque»*, no habéis venido al monte de la Ley, sino al de la salvación divina y a la gloria. La libertad de la ley no hace del hombre ley a sí mismo, sino que exige que sea más celoso y activamente santo. Es lo mismo que dice Pablo: «Porque el pecado no se enseñoreará de vosotros; pues no estáis bajo la ley, sino bajo la gracia [no Sinaí, sino Sión]» (Ro. 6:14).

La revelación del Nuevo Tetamento da al hecho que estamos «bajo» la gracia en todo su peso y realidad. La gracia está «encima» de nosotros. La gracia ha pasado a regirnos. La gracia quiere reinar (Ro. 5:21). Hemos de someternos a la gracia, hemos de obedecerla. Prestemos atención a Jesús: ¡El es nuestro Señor!

Pero hay más.

¡Atención! ¡Dios habla! ¡Presta más atención! Porque la PLATAFORMA desde la que se nos habla en el Nuevo Testametno es más elevada.

En tiempos pasados Dios habló desde un alto monte, pero ahora habla desde el cielo por medio de Cristo Su Hijo, que ha sido exaltado al trono divino en los cielos. La designación del Monte Sinaí como una montaña que se «puede palpar» (He. 12:18) se hace para caracterizarla como algo perceptible y terrenal. Pero el Monte Sión, trasciende lo sensible, es suprasensible, es celestial, es la morada de Dios. Dios habló a los judíos desde una montaña terrenal y usó un intérprete *terrenal*, Moisés. En el Nuevo Pacto, sin embargo, habla desde el *cielo*, usando como intérprete a su Hijo unigénito, a quien envió desde los cielos para cumplir su Obra redentora, y el cual, habiendo sido exaltado por Su Padre a la gloria del cielo, ahora nos habla por medio del Espíritu (He. 1:1).

Esto significa al mismo tiempo un considerable incremento en la responsabilidad, comparado con los oyentes del Antiguo Testamento. «Porque si no escaparon aquellos que desecharon al que los amonestaba en la tierra, mucho menos nosotros, si desechamos al que nos amonesta desde los cielos» (He. 12:25).

Sin duda, *Dios* es el que habla aquí. El texto sagrado no intenta hacer diferencia entre la divina *persona* que habla en el Antiguo y el Nuevo Testamento, sino entre los *métodos* de revelación divina. El hablar de «Dios» y el hablar de «Cristo» no tienen por qué ser separados o distinguidos fundamentalmente aquí. Dios habla en Cristo por medio del Espíritu Santo. Cada vez que se predica la Palabra de Dios, Cristo llega a nosotros por medio del Espíritu de Dios (Ef. 2:17).

Debemos estar preparados para oír la divina voz hablando desde el cielo. Aunque quizás estemos en una capilla, una iglesia o donde sea, el mensaje de la Palabra entregado por los siervos de Dios no son meras palabras humanas, ni exposiciones o meditaciones de la Palabra o sobre la Palabra, sino la Palabra de Dios misma. Esta es la nobleza y responsabilidad, a la vez, de la predicación del Evangelio. «Si alguno habla, que hable como si fuesen palabras de Dios» (1.ª P. 4:11). «Por lo cual también nosotros sin cesar damos gracias a Dios de que cuando recibisteis la palabra de Dios que oisteis de nosotros, la recibisteis no como palabra de hombres, sino según es en verdad la palabra de Dios, la cual actúa en vosotros los creyentes» (1.ª Ts. 2:13). «Vive Jehová, que lo que mi Dios me diga, eso anunciaré (2.º Cr. 18:13). «Ahora, pues, todos nosotros estamos aquí en la presencia de Dios, para oír todo lo que Dios te ha ordenado» (Hch. 10:33).

Sin embargo, si nuestra proclamación oral de la Palabra ha de ser algo más que hablar «sobre» la Palabra de Dios, sino «la Palabra de Dios» misma, debe contener las siguientes características espirituales:

La verdad del mensaje de Dios
El amor del corazón de Dios
El tacto de la sabiduría de Dios
La dirección del Espíritu de Dios
El poder de la autoridad de Dios y, sobre todo y por encima de todo:
La presencia de la Persona de Dios en Cristo, por medio del Espíritu Santo.

En la palabra del Rey hay poder. Sólo en Su Palabra. No en las palabras de Sus siervos, por experimentados y santificados que sean. Lo que necesitamos es una mayor medida de la convicción de que, como testigos de Dios, somos al mismo tiempo la boca de Dios. Lo que el mundo necesita no son conferencias ilustradas, discursos elegantes, homilías bien estructuradas, aun cuando todas estas cosas puedan ser valiosas en su lugar y punto, sino el testigo poderoso y vivo, que va de corazón a corazón y ardiendo en vida divina y guiado y potenciado por el Espíritu Santo. «Dad pan al pueblo; porque no quieren ni paja ni flores» (Prof. Warneck). Sólo así nuestra predicación oral y nuestro testimonio, público y privado, se demostrará qué es lo que debe ser. Entonces se abrirán las puertas en todos los países, se convertirán los pecadores y la santificación de los creyentes serán pruebas más que suficiente, renovadas diariamente, de la verdad y confiabilidad de la divina promesa:

> Porque como desciende de los cielos la lluvia y la nieve, y no vuelve allá, sino que riega la tierra, y la hace germinar y producir, y da semilla al que siembra, y pan al que come, así será mi palabra que sale de mi boca; no volverá a mí vacía, sino que realizará lo que me place, y cumplirá aquello para que la envíe. (Is. 55:10, 11.)

Y de cuántas formas y con cuánto alcance nos habla Dios. El habla por medio de:

El lenguaje simbólico de la naturaleza (Ro. 1:19, 20; Sal. 19:1-3)

El lenguaje histórico de la experiencia, tanto en la vida nacional como individual

El lenguaje interno de la conciencia del hombre (Sal. 32: 3, 4; Rom. 2:14, 15)

El lenguaje personal de los testigos (2.ª Co. 5:20)

El lenguaje de la Palabra escrita, la Biblia (2.ª Ti. 3:16)

El lenguaje directo en Cristo, la Palabra viva (He. 1:1; Ef. 2:17)

y un día hablará a los hombres por medio de

El lenguaje legal del juicio venidero (Sal. 2:5).

Además, el autor de los Hebreos continúa demostrando que la responsabilidad del Nuevo Tetamento es más alta que la del Antiguo, comparando un tercer aspecto.

¡Atención! ¡Dios habla! ¡Prestad más atención! Porque la ESFERA DE ACCION *de la Palabra divina del Nuevo Testamento es más abarcativa, es decir, más universal.*

En ambos casos hay ciertos efectos sobre la naturaleza y la creación en general, relacionados con la Palabra de Dios. En esto los efectos obrados sobre la naturaleza por la Palabra del Antiguo Testamento del Monte Sinaí fueron limitados a la *tierra*: el fuego y la tempestad, las tinieblas y la oscuridad, el terremoto y la voz de las trompetas. Pero los efectos sobre la naturaleza que se van a efectuar un día por la Palabra de Dios del Nuevo Testamento, se extenderán a los *cielos*: «Una vez más, y no sacudiré solamente la tierra, sino también el cielo» (He. 12:26).

Y, finalmente:

¡Atención! ¡Dios habla! ¡Prestad más atención! Porque la EFICACIA *de la Palabra divina del Nuevo Testamento es más* poderosa.

En Sinaí la tierra sólo fue «sacudida» (v. 26), pero en el fin de los tiempos el cielo y la tierra serán «cambiados», «quitados» (v. 27), algo más fundamental que «sacudir».

Estos cuatro razonamientos de la Sagrada Escritura muestran claramente la mayor responsabilidad de los oyentes del Nuevo Testamento, en contraste con los que recibieron la revelación del Antiguo. Son:

Espiritualmente:
    la categoría de la salvación es más noble
Cristológicamente:
    la plataforma del que habla es más elevada
Cosmológicamente:
    la esfera de acción de la Palabra es más comprensiva
    (cielo, no sólo tierra)
Escatológicamente:
    la eficacia de la Palabra es más poderosa (cambio y
    perfeccionamiento del mundo, no sólo sacudirlo)

Por tanto, una vez más:
¡Atención! ¡Dios habla!

Los que son llamados a destinos celestiales, que han de recibir un reinado eterno que no será conmovido, que son dirigidos por el mismo Dios a través de Su Palabra y del Espíritu Santo, cuya voz procede del Trono de Gloria, el mismo Centro del Cielo y la eternidad, estos hombres deben tener la mente conformada a las cosas de arriba. Por voluntad divina deben velar y esperar; con el cayado del peregrino en la mano, sus lámparas despabildadas y brillando, en espera del Esposo (Lc. 12:35). Los hombres y mujeres que consideran las «cosas últimas» como las «primeras», y que esperan la vuelta del Señor, «viven como en la hora undécima del día» (Soren Kierkegaard). No hay duda de que ejecutarán sus deberes terrenales a conciencia, pero su verdadero objetivo es el cielo. En la tierra serán ejemplos de fidelidad, seriedad, veracidad; pero con gozo mirarán hacia la revelación del reino de Dios. Saben que «nuestra ciudadanía está en los cielos, de donde también esperamos al Salvador, al Señor Jesucristo; el cual transfigurará el cuerpo de nuestro estado de humillación, conformándolo al cuerpo de la gloria suya» (Fil. 3:20, 21).

Por tanto, «estad preparados para la acción, sed sobrios, y esperad por completo en la gracia que se os traerá en la revelación de Jesucristo» (1.ª P. 1:13). La actitud de nuestra mente es la de un hombre dispuesto, todo listo, sin estorbos. Es decir, debe haber propósito en su mente. Se concentra en lo único necesario: la eternidad. Nuestra actitud debe ser firme, sin vacilaciones, frivolidades ni distracciones. Hemos de proseguir adelante con la energía de voluntad obrada por el Espíritu Santo, como Pablo, el gran siervo de Cristo que declara de sí mismo: «Olvidando lo que queda atrás, y extendiéndose a lo que está delante, prosigo hacia la meta, para conseguir el premio del supremo llamamiento de Dios en Cristo Jesús. Así que, todos los que somos perfectos, esto mismo sintamos» (Fil. 3:13-15).

Todo esto, sin embargo, no queda a nuestra elección; o sea: lo hacemos si nos sentimos inclinados a proseguir en la palestra de la fe, a obedecer al Señor. No, hay grandes y graves consecuencias como resultado de esta decisión. Tenemos una alternativa inevitable: levantarnos a los cielos, o hundirnos; vencer o perder; ser establecidos o sacudidos. Esta es la ley fundamental de toda vida espiritual. Florece sólo cuando está en contacto práctico con la fuente divina. En nosotros mismos no hay garantía de nada. La garantía para nuestro perfeccionamiento se halla sólo en Cristo. Por tanto, todo depende de nuestra constante vida de comunión con El, todo progreso y toda victoria y todo crecimiento en el Espíritu.

2. Las riquezas presentes no son en sí una garantía.
Puede que hayas comenzado en medio de bendiciones espirituales y ahora te hallas en la mayor pobreza. Puedes haber tenido épocas sonrientes en el gozo de Cristo, y ahora te sientas deprimido y sombrío.

Este es el antecedente histórico de nuestro pasaje de Hebreos. Por esto fue escrita la carta. Por ello debes tomar muy en serio el mensaje: las riquezas presentes no son garantías inconmovibles. A pesar de un feliz comienzo puedes declinar espiritualmente. Puedes haber sido un paladín espiritual, lleno de gozo, y ahora sentirte cobarde y temblar. Eras amado por los hermanos, hoy te enlazan con ellos contiendas y controversia. En días pasados leías y recibías la Palabra de Dios en tu corazón con cuidado y atención: hoy es para ti un libro cerrado. Hasta aquí puedes haber sido un «ornamento» del evangelio, «adornando» como dice Pablo la doctrina de Dios nuestro Salvador (Tit. 2:10): hoy eres quizás una piedra de tropiezo para los otros y tu modo de comportarte puede «profanar» el nombre del Señor entre los hombres (cp. Ez. 36:22). Sin la menor duda, has dejado tu «primer amor» (Ap. 2:4).

Recuerda, las experiencias bienaventuradas del pasado no son garantías para una plenitud de bendición igual en el presente o el futuro. El Cristo de «ayer» solamente, no te sirve de mucho; es el Cristo de «hoy» que te sirve. Nuestra vista no debe dirigirse sólo hacia atrás —por fundamentales que hayan sido nuestras experiencia— sino arriba y adelante. «No es el principio sino el fin lo que corona el peregrinaje cristiano.»

De modo que, mientras goces plenamente de la abundancia de Su gracia, vive en santo fervor y sinceridad. Hay dos cosas que siempre van juntas: la certeza de la salvación y el temor de Dios, el gozo y la austeridad.

El gozo sin la seriedad se convierte en superficial; la seriedad sin gozo se transforma en pesimismo. La certeza de la salvación sin el temor de Dios se convierte en farisaísmo; el temor de Dios sin la certeza de la salvación tiende al legalismo y a la ansiedad esclavizadora. En realidad, sin embargo, cada una de estas características está presente cuando la otra está presente en el sentido espiritual designado por Dios. O bien tenemos las dos en el corazón o no tenemos ninguna. Y la medida de la una determina la medida de la otra.

Es un hecho alarmante que en muchos círculos cristianos, cualquiera que sea su nombre, la santa reverencia entre los creyentes es muy escasa. Hay un platicar entre los hermanos sobre cualquier asunto precediendo los servicios y siguiéndolos, en muchos casos. Muchas veces se cantan himnos espirituales sin prestar atención al contenido, de modo mecánico. A veces, al cantar, no somos conscientes de que un himno es una oración a Dios. Y a veces hay el peligro de que incluso el ministro presente la Palabra de modo irreverente, como una charla placentera sobre la Palabra de Dios, en vez de ser la proclamación de la Palabra de Dios misma, entregada con toda conciencia de responsabilidad, y con la autoridad del Espíritu Santo, sinceramente y en oración.

Y cuántas veces, al fin de los servicios el corolario son conversaciones superficiales, en que se habla de política o negocios, asuntos familiares, todo lo cual se lleva la semilla que ha sido sembrada en el corazón (Mt. 13:4, 19).

¿Cómo podemos arreglar estas cosas?

Sólo escuchando nuevamente a Dios, prestando renovada atención a la autoridad de Sus órdenes, con una consagración consciente restaurada y una dedicación de nuestros corazones y vidas a El.

«¡Puestos los ojos en Jesús!»

Escuchemos Su Palabra.

Así recibiremos al mismo tiempo nuevas comisiones del Señor. Nueva vitalidad y actividad entrarán en nuestra vida. Aprenderemos a considerar las riquezas de la salvación que hemos recibido del Señor como un capital celeste que ha sido depositado en nuestra vida y que hemos de hacer trabajar para El.

3. Las riquezas deben ser agradecidas de modo práctico. «Así que, recibiendo nosotros un reino inconmovible, tengamos gratitud, y mediante ella sirvamos a Dios agradándole con temor y reverencia» (He. 12:28). Este «así que» hace énfasis en las consecuencias prácticas.

La raíz griega equivalente a «gracia» *(charis o jaris)* significa exactamente esto: GRACIAS. Sin embargo, el significado es más extenso, y en extremo importante. La raíz está relacionada con *chara* o *jara*, gozo, y como entre los griegos la mayor fuente del gozo era la belleza, la palabra pasó a significar «hermosura, gracia, belleza», como se ve en Lucas 4:22 y Efesios 4:29. De aquí se extendió a significar la actitud del hombre que causa gozo, esto es: «benevolencia, inclinación favorable, amabilidad», especialmente en el caso de personas de alta posición (reyes, etc.). Y como el gobernante oriental tenía poder absoluto, una tal expresión de favor, que procedía de su libre voluntad, era al mismo tiempo un don no merecido, es decir, «una gracia», un regalo que causaba plenitud, gozo y placer en el receptor. La reacción normal a esta generosidad del dador por parte del receptor era de «gratitud». De modo que, por un lado «gracia» expresa la inclinación favorable del dador hacia el receptor y, por otro, la confesión de la favorable inclinación del dador, por parte del receptor.

El uso de esta palabra es altamente significativo. Por ello el Nuevo Tetamento usa la palabra «gracia» del mismo modo que «gracias» en ocasiones. El dar gracias significa: «mirar desde el don hacia el dador, gozarse en su bondad, dedicarle los sentimientos del corazón y los actos de la vida.»

En este sentido *los dos* significados son verdaderos.[1]

Habiendo recibido un reinado que no puede ser sacudido, deseamos mostrar nuestro agradecimiento y servir en sinceridad y reverencia a Aquel que nos ha dado estos dones y que todavía nos está bendiciendo en abundancia. Por tanto, «¡seamos agradecidos!»

Puesto que hemos recibido de El este reinado, deseamos vivir totalmente para El y glorificar Su nombre, pero sabemos que sólo podemos hacerlo con Su fuerza sólo, con el poder que nos confiere Su «gracia». Por tanto, «¡recibamos Su gracia!»

De ello resulta una gozosa santificación. El sol está brillando. La gracia se irradia sobre nosotros, y la gratitud es como una atmósfera de luz en nosotros. La gracia desciende desde arriba; la gratitud asciende desde abajo; el que realmente ha entendido la gracia, no puede sino estar agradecido. El es el que recibe gracia tras gracia, agradecido.

---

1. Para un estudio sobre el significado de la «gracia», véase Charles C. Ryrie, *La Gracia de Dios*, pp. 7-30.

Así que la santificación y el gozo van juntos. La falta de santificación empaña el verdadero gozo; el verdadero gozo lleno del Espíritu, sin embargo, presta alas a la santificación.

Los cristianos no agradecidos no reciben nuevas bendiciones. Aunque el Señor es un dador generoso y dispuesto, la medida de las bendiciones que recibimos depende de nuestro agradecimiento práctico y nuestra consagración.

¡Qué insensato, por tanto, es lamentarse y quejarse en vez de gozarse en la bondad de Dios! El preocuparnos es robarnos a nosotros mismos. La falta de gratitud conduce a la pobreza espiritual. Pero nuestra vida entera debería ser una constante acción de gracias práctica llena de gozo.

Y qué impresionante es el contexto en el cual el Espíritu ha colocado todo esto, es decir, Su exhortación. Empieza con la descripción de las riquezas del Nuevo Testamento, indicando el cielo y la gloria, y termina refiriéndolas al juicio: «porque nuestro Dios es un fuego consumidor». *La gracia de Dios, al principio; el celo ardiente de Dios, al final; y en medio la exhortación: ¡Escuchad al que habla!*» Las palabras «Jerusalén celestial» (v. 22) y «fuego consumidor» (v. 28) incluyen toda esta orden como un marco.

Todo esto está escrito por un colaborador del apóstol Pablo (cp. Heb. 13:23) es decir, del apóstol de la gracia gratuita y libre. Está escrito para los cristianos de origen judío, creyentes en la dispensación de la Iglesia. En la Iglesia, sin embargo, no hay diferencia de principio entre los creyentes de Israel y los creyentes de otras naciones, en cuanto a su estado con referencia a Cristo. Esto ha sido expresado repetidamente por las enseñanzas de Pablo. De modo que nosotros, como cristianos de origen gentil, hemos de aplicarnos el mensaje espiritual de la carta a los Hebreos (Ef. 2:13-22; 3:6; Hch. 28:28; cp. Hch. 10:47; 11:17; 15:9-11).

Por tanto, mantengamos el filo de este aviso bien aguzado. Aceptemos la Palabra divina en todo su peso. No creemos que nuestras Escrituras nos enseñan la posibilidad de que un creyente se pierda eternamente debido a su fracaso práctico, personal. Pero, por otra parte, como creyentes tenemos que hacer frente a las serias consecuencias de la infidelidad y la desobediencia.

Por tanto, ¡fuera con la seguridad religiosa carnal! La verdad de la salvación eterna del regenerado no debe ser una almohadilla cómoda para la superficialidad y la auto-suficiencia. Es verdad que el que ha creído en Cristo ha pasado de muerte a vida; pero en cuanto al nivel y medida de su glorificación es igualmente válido el siguiente principio: «Sed tanto más diligentes en afianzar vuestro llamamiento y vuestra elección» (2.ª P. 1:10). «Seguid la santidad, sin la cual nadie verá al Señor» (He. 12:14). «Así que, el que piensa estar firme, mire que no caiga» (1.ª Co. 10:12). Lo que necesitamos es una actitud de fe permanente, un «SI» continuo y práctico al Señor que al mismo tiempo significa «NO» al pecado, una comunión práctica con Cristo como Crucificado y Resucitado. «Consideraos muertos al pecado, pero vivos para Dios en Cristo Jesús Señor nuestro» (Ro. 6:11).

Hay salvación plena en Cristo. En El hay vida y victoria. Su palabra no es sólo un mandamiento sino que es, al mismo tiempo, una fuente de energía creadora. Es mandato y don, precepto y promesa, comisión y equipo.

El predicar a este Redentor a la humanidad es nuestra tarea bajo el Nuevo Pacto. El mismo es el contenido esencial de la Palabra de Dios (2.ª Co. 4:5). El es el Vencedor, la Verdad en Persona, la Salvación del mundo. El ilumina las almas de los que se pierden en las tinieblas. El aquieta a nuestros anhelos, aviva nuestros corazones, nos libra de nuestros pecados, nos santifica y nos purifica. Por medio de El hemos recobrado el Paraíso perdido. El pasado es puesto en orden, el presente es iluminado y se nos asegura el futuro. Por tanto, Dios dice: «He aquí mi siervo, yo le sostendré; mi escogido, en quien mi alma tiene contentamiento; he puesto sobre él mi Espíritu... y te pondré por pacto al pueblo, por luz de las naciones». (Is. 42:1, 6). Y en el Nuevo Testamento el Padre declara en el momento de la transfiguración del Encarnado en el santo monte: «Este es mi Hijo amado, en quien tengo complacencia».

«¡A El oíd!» (Mt. 17:5).

«¡Puestos los ojos en Jesús!»

NUESTRA VISIÓN

Maximizar el efecto de recursos cristianos de calidad que transforman vidas.

NUESTRA MISIÓN

Desarrollar y distribuir productos de calidad —con integridad y excelencia—, desde una perspectiva bíblica y confiable, que animen a las personas a conocer y servir a Jesucristo.

NUESTROS VALORES

Nuestros valores se encuentran fundamentados en la Biblia, fuente de toda verdad para hoy y para siempre. Nosotros ponemos en práctica estas verdades bíblicas como fundamento para las decisiones, normas y productos de nuestra compañía.

Valoramos la excelencia y la calidad
Valoramos la integridad y la confianza
Valoramos el mérito y la dignidad de los individuos
   y las relaciones
Valoramos el servicio
Valoramos la administración de los recursos

Para más información acerca de nuestra editorial y los productos que publicamos visite nuestra página en la red: www.portavoz.com